T0348358

El placer
de vestirte

El placer de vestirte

Descubre tu estilo personal y utiliza la moda para expresarte de forma auténtica

Allison Bornstein

KŌAN

Título original: *Were it well: reclaim your closet and rediscover the joy of getting dressed*
© 2023 Allison Bornstein
Publicado por primera vez en inglés por Chronicle Prism,
un sello editorial de Chronicle Books LLC, San Francisco, California.

© Ediciones Kōan, s.l., 2023
c/ Mar Tirrena, 5, 08912 Badalona
www.koanlibros.com • info@koanlibros.com
ISBN: 978-84-10358-07-2 • Depósito legal: B-17922-2024
© de la traducción del inglés, Carmen Cremades
© de las fotografías, Jennifer Trahan
Maquetación: Cuqui Puig

Impresión y encuadernación: Imprenta Mundo
Impreso en España / *Printed in Spain*

Todos los derechos reservados.
Cualquier forma de reproducción, distribución, comunicación
pública o transformación de esta obra solo puede ser realizada
con la autorización de sus titulares, salvo excepción prevista
por la ley. Diríjase a CEDRO (Centro Español de Derechos
Reprográficos, www.cedro.org) si necesita fotocopiar
o escanear algún fragmento de esta obra.

1ª edición, octubre de 2024

Este libro está dedicado a mi madre y a mi abuela. A mi madre por permitirme siempre que me expresara a través de la moda y por no tachar nunca de «incorrecto» ninguno de los *outfits* que yo elegía (y eso que, echando la vista atrás, en algunos casos no debió de ser muy fácil). Y a mi abuela por enseñarme a comprar. Siempre lo hacíamos de forma inteligente y reflexiva, ¡aunque también sabíamos reconocer aquellas prendas que nos decían algo de verdad! Nos gustaba pensar, pero sin pasarnos.

INTRODUCCIÓN

¿Has notado esa sensación que te invade cuando vas bien vestida? No es cuestión de llevar ropa nueva, ni de ir elegante. Se trata simplemente de que lo que llevas puesto te queda genial. Y cuando te pones un conjunto así caminas un poco más erguida, te gusta mirarte en los espejos e interactúas con la gente de otra forma.

Eso es porque cuando te ves bien, te sientes bien. Y cuando te sientes bien, te sientes segura de ti misma. El día es más llevadero. Cuando estás a gusto en tu propia piel, los días buenos se acumulan y una sensación de felicidad va creciendo en tu interior y transmitiéndose hacia el exterior. Así que para generar esa sensación, hago un esfuerzo extra para arreglarme de la cabeza a los pies.

Fui estilista de moda en Nueva York durante trece años, pero hasta que no llegaron la pandemia del COVID-19 y el confinamiento de 2020 no comprendí el verdadero impacto que tiene la ropa en nuestro bienestar. En ese tiempo tuve la oportunidad de asesorar por videollamada a más de mil personas de lo más diversas: de todas las tallas, formas, razas, profesiones y situaciones económicas. Hice sesiones con madres primerizas que no habían ido de tiendas en dos años y con personas que se estaban adaptando a un paradigma totalmente nuevo de trabajo desde casa (profundizaremos en ambos temas más adelante). Algunas se encontraban en medio de una ruptura. Otras simplemente querían ser capaces de utilizar su vestimenta como forma de expresión personal: les gustaba su ropa, pero sentían que no le estaban sacando todo el partido posible para mostrarse tal y como eran. (A lo largo del libro voy a compartir contigo las sorprendentes historias de algunas clientas, a las que me referiré mediante seudónimos.) De pronto, los métodos y herramientas que utilizo en mi asesoramiento tuvieron un éxito que nunca me habría imaginado. Mi método de las tres palabras arrasó en TikTok, y las revistas *New York Magazine* y *Harper's Bazaar* e incluso Drew Barrymore se hicieron eco de esta tendencia. También publicaron sus «tres palabras» iconos del mundo de la moda a las que admiraba desde que era becaria en *Teen Vogue*, como Lauren Santo Domingo y Eva Chen. Y lo que es aún más importante: personas anónimas que dudaban de su propio estilo empezaron a identificar sus gustos, aversiones y deseos, y aprendieron que cuando aclaras tus sentimientos con respecto a tu estilo, puedes empezar a explorarlo más a fondo para desarrollarlo. He tenido la oportunidad de conocer a cientos de mujeres que se han encontrado a sí mismas a través de este proceso. No tengo palabras para expresar la satisfacción que he sentido al trabajar de una forma tan íntima con desconocidas virtuales en mis sesiones de estilismo por videollamada. Y también me ha permitido darme cuenta de lo poco que sabemos sobre el cuidado personal.

Eso es precisamente lo que este libro pretende cambiar.

Si ahora mismo tu armario te produce incertidumbre y confusión, voy a enseñarte a transformarlo en un espacio de calma y disfrute. Juntas crearemos un fondo de armario que te permita verte y sentirte fabulosa. Habrás notado cómo cambia tu estado de ánimo dependiendo de si la ropa que llevas es formal o informal. El tiempo se te pasa volando el sábado, cuando vistes ese mono tan cómodo, mientras que entre semana te sincronizas con el ritmo laboral en cuanto te pones una camisa de manga larga y unos pantalones elegantes. Pero la moda solo despliega su magia cuando sabes lo que te gusta, cuando conectas contigo misma y cuando trasladas esa autoconciencia a tus preferencias, haciendo coincidir tu ropa con tu estado de ánimo e incluso eligiendo una ropa determinada para levantarte el ánimo. Aprovéchate de ese poder para potenciarte.

En definitiva, lo más importante es que voy a enseñarte a disfrutar del momento de vestirte por las mañanas, en lugar de temerlo.

Casi puedo oír una voz escéptica pensando: «Claro, es que tú no has visto mi armario». Pero resulta que *sí* lo he visto. A lo largo de más de una década como estilista he trabajado con todos los tipos de armarios que te puedas imaginar: desde uno lleno de ropa de marca que su dueña odiaba en secreto, hasta uno lleno de prendas dos tallas más pequeñas. O el de una clienta que lo tenía tan desordenado que ni siquiera se había dado cuenta de que había dos jerséis exactamente iguales: se había olvidado del primero porque estaba enterrado en las profundidades, así que se había comprado otro igual.

A la hora de la verdad, todos los armarios tienen el mismo problema, y es que no solemos verlos como el espacio de creatividad y expresión personal que deberían ser. Por el contrario, están envueltos en una neblina de vergüenza y preocupación. Son lugares donde sentimos que nunca somos suficientes. Pero te contaré mi secreto

para resolverlo: si quieres disfrutar de tu armario, debes aprender a amigarte con él. Este es el primer paso en el arte de vestirte con conciencia y de expresar quién eres a través de tu forma de vestir.

Tuve la fortuna de aprender a ver mi armario como un lugar inspirador y estimulante desde muy joven. Sentía pasión por la ropa, y tuve una madre extraordinaria que me concedió un espacio y una libertad infinitos para experimentar. Muchas veces la ropa que me ponía salía directamente de un baúl lleno de viejos abrigos de piel de mi abuela, que yo combinaba con vestidos de volantes de estilo princesita y zapatos de fiesta.

Como resultado, muchas de mis elecciones eran una locura: podía llevar una sombrilla de encaje en medio de una tormenta de nieve, o pasarme limpiapipas por las trenzas para que se quedaran tiesas como las de Pippi Calzaslargas (no para Halloween, sino para un día normal de colegio). No me importaba cómo me veían, sino cómo me sentía, lo cual era maravilloso. Lo que me ponía me hacía sentir genial.

Sin embargo, cuando fui a la escuela de moda del Fashion Institute of Technology de Nueva York, me encontré en otra liga, asistiendo a clases con mentes privilegiadas, amantes de la moda, que estaban obsesionadas con transformar la realidad a través de lo que llevaban puesto. Llamaban mucho la atención cuando salían. Su atrevimiento me inspiraba, y me lancé a experimentar con todo. Esos años tuve que exprimir toda mi creatividad. No podía permitirme la ropa que quería usar, así que tenía que inventar cómo vestir como Kate Moss con el presupuesto de una estudiante, con zapatos de saldo, vaqueros de Zara y una chaqueta de segunda mano. Y aprendí tanto de esos experimentos como de mis clases sobre materiales y proporciones.

Aun así, nunca olvidaré el día en que me mandaron a casa por no ir bien vestida para una sesión de fotos. Estaba comenzando mi carrera e intentaba hacerme un hueco en el mundillo de la moda trabajando por cuenta propia como asistente de estilismo, tratando de aprender al mismo tiempo de la máxima gente posible. Yo era la ayudante de una ayudante y estaba tan emocionada de estar allí que quería que se notara mi entusiasmo: pantalones ajustados de cuero de Trash and Vaudeville, chaqueta de peluche y enormes sandalias de plataforma. Cuando llegué al trabajo, la estilista jefa me echó un vistazo y me dijo: «Ve a casa a cambiarte». No fue muy amable, aunque tenía razón: unos simples vaqueros con camiseta habrían sido más apropiados para cargar con bolsas de ropa todo el día. Por suerte, la libertad con que me habían educado a la hora de vestir me permitió superar esa situación y seguir expresándome durante años. Sin embargo, este tipo de críticas ha hundido a mucha gente que conozco.

Vamos a poner fin a este tipo de cosas.

Con este libro vas a aprender a eliminar la negatividad que nos rodea y todas esas voces tóxicas que has absorbido con la cultura, a menudo desde la infancia. Nos han dicho que no somos lo suficientemente delgadas, jóvenes o estupendas para llevar lo que queramos. Estamos condicionadas a pensar que la mejor opción es siempre lo que «te favorece» —es decir, lo que te hace parecer más delgada—. Y aparte están las normas culturales, como no vestir de blanco si acudes como invitada a una boda. Quiero darte las herramientas para que veas estas normas como lo que son, y para que las sigas o las rompas según lo que se adapte a tu máxima expresión. Aprenderás a reimaginar tu armario como un espacio que es tuyo y solo tuyo, un reino soberano donde te sientes fuerte y hermosa, y donde eres libre para jugar, soñar y crear.

Algo cambia cuando te tomas el tiempo necesario para escuchar y responder a las voces internas que te quitan el entusiasmo a la hora de vestirte; cuando puedes mirar con una lente nueva y decidir conscientemente que esas lejanas voces críticas ya no son bienvenidas en tu vida; cuando borras tu pizarra mental y te abres a un nuevo inicio. Y lo que cambia es que comienzas a vestirte para ti misma.

Para ello, nos pondremos estratégicas. Te enseñaré mi Sistema AB para Renovar el Armario y mi método de las tres palabras, dos herramientas que he desarrollado a partir del trabajo que he realizado con mis clientas durante estos años para ayudarlas a ver realmente lo que hay en su armario y poder identificar, articular y crear un estilo personal. Rara vez pensamos en la ropa que llevamos con una mirada global, así que estas herramientas están diseñadas para armonizar tu estilo, crear un vestuario que te haga sentir bien y cultivar la imagen que quieres proyectar al mundo, que deleite tu espíritu y refleje tu yo más auténtico.

No deja de sorprenderme el cambio que experimentan mis clientas una vez que les he enseñado a cultivar este amor propio en sus vidas. Repasaremos conceptos como el de ajuste y el de proporción, conoceremos las prendas básicas que puedes hacer tuyas y te enseñaré a ir de tiendas equipada con un planteamiento mental completamente distinto. Explorarás tu propia intuición y aprenderás a expresarla.

La moda tiene fama de ser superficial o frívola. Pero yo estoy aquí para mostrarte cómo utilizarla como una vía hacia el descubrimiento y el cuidado personal, una práctica que te ayudará a comprender mejor quién eres, qué te gusta y cómo disfrutarlo. Estas herramientas no solo te servirán para renovar tu armario, sino que pueden transformar poco a poco todos los ámbitos de tu vida.

He tenido el privilegio de observar cómo muchas de mis clientas, que inicialmente dicen que odian cada artículo de sus armario y que están dispuestas a quemarlo todo, terminan descubriendo que ahí dentro hay cosas fabulosas, y que además tienen un marcado sentido de su propio estilo al finalizar nuestras sesiones de estilismo. Me gusta pensar en aquella señora que, aunque se pasaba el día con sus tres nietos, decidió que quería estar arreglada. Encontramos unos pantalones cómodos que le permitieran sentarse y agacharse, y cambiamos sus zapatillas por mocasines para estilizar el *look*. Esto le cambió la forma de percibir no solo su vestuario, sino también su lugar en el mundo. Y luego están las renovaciones de armario que desencadenan un cambio profesional.

Cuando te gusta lo que llevas y cómo te hace sentir, tu seguridad se fortalece. Te mueves con seguridad. Hablas con seguridad. El mundo te parece un lugar más amable y por eso se te abren más posibilidades. Es algo que nunca deja de maravillarme. El acto de vestirse pasa entonces de ser una obligación diaria a una actividad a la que nos entregamos con entusiasmo.

primera parte

Cuando te ves bien, te sientes bien

¿Por qué me agobia mi armario?

capítulo uno

Aunque a la mayoría nos atrae la idea de vernos bien —y de sentirnos bien—, nuestros armarios se llenan constantemente de cosas que no nos gustan de verdad o que muchas veces, aunque nos encanten, no tenemos ni idea de cómo usar. Compramos con prisas, nos vestimos con prisas y, al final, demasiado a menudo tenemos un aspecto y una sensación... de estar apresuradas. Intentamos analizar las imágenes de personas cuyo estilo admiramos y nos esforzamos por vestirnos como ellas, pero al final nos damos cuenta de que el resultado no está en sintonía con nuestro verdadero yo.

Eso es porque muchas veces no nos hemos parado a pensar quién es ese verdadero yo y qué es lo que realmente le gusta. Y hasta que no aprendas a prestar atención a quién eres y a lo que de verdad te hace sentir bien —por fuera y por dentro—, no podrás avanzar mucho en tu estilo personal.

Si tu armario te abruma es porque nadie te ha enseñado a relacionarte con él ni a cuidarlo como es debido. Es una afirmación atrevida, lo sé, sobre todo si eres de las que lo tienen escrupulosamente ordenado. Pero cuando hablo de cuidado no me refiero al orden, sino a dedicar tiempo a observar tus propias necesidades, gustos y deseos: a escucharte de verdad, de un modo que te permita crear y mantener un vestuario que te entusiasme. Muy a menudo nos fijamos más en el exterior, fuera de nosotras mismas, ya sea porque es más cómodo sintonizar con los demás o porque en el fondo sentimos que no nos merecemos ese tiempo. Pero cuando giramos la lente hacia dentro surge la oportunidad no solo de conectar con nosotras mismas, sino de crecer. En las acciones más pequeñas es donde nuestra naturaleza se expresa por completo, y son las que nos permiten comprender de manera más profunda, auténtica y emocionante quiénes somos en realidad, lo cual trae consigo nuevas oportunidades y perspectivas. En otras palabras: si estás lista para ser más tú y para disfrutar de nuevas formas de compartirlo, estás en el lugar adecuado.

Redefinamos el cuidado personal

capítulo dos

Antes de pasar a la ropa —lo que te gusta, lo que no soportas, lo que anhelas y lo que te genera dudas—, vamos a empezar por el principio. Y eso significa: ¡tú! Al conectar con nuestro yo más profundo y con nuestra propia autenticidad, accedemos a una base inquebrantable que puede ayudarnos a mantener la estabilidad en todos los ámbitos de nuestra vida. No siempre es fácil. Incluso los que contamos con los padres y amigos más cariñosos podemos sentirnos minados muchas veces por las formas en que el mundo que nos rodea nos hace sentir personas incompletas.

Nuestra cultura emite muchos mensajes que poco a poco vamos interiorizando: nunca somos lo suficientemente ricas, delgadas, bellas o listas. Parece que la industria de la moda, los medios de comunicación, Hollywood y las redes sociales nos bombardean con imágenes claramente retocadas de famosas e *influencers* increíblemente fotogénicas y obsesivamente estilosas. E incluso aunque nos gustemos a nosotras mismas, a veces nos invade una sensación incómoda de que se supone que deberíamos ser como otra persona o que, de alguna manera, deberíamos tener otro aspecto para ser realmente felices.

Por supuesto, ya sabemos que la vida no funciona así: rara vez las imágenes perfectas se corresponden con la realidad. Pero la búsqueda incesante de ese ideal se acabó aquí. Quiero ayudarte a que te quieras tal y como eres, y mostrarte un modo de crear y cuidar de tu armario que te puede enriquecer mucho personalmente.

Esto no significa que vayas a aprender instantáneamente a aceptar o adorar toda la ropa que tienes ahora mismo. ¿Has oído alguna vez eso de «tu casa es el reflejo de tu mente»? Creo que del armario se puede decir lo mismo. Y si has recurrido a mí es porque, en el fondo, sabes que algo no va del todo bien con el tuyo. No solo con tu armario, sino con lo que piensas y sientes acerca de tu ropa y de ti misma. Puede que creas que ha llegado el momento de cambiar, de encontrar una forma diferente de ser. Esto es cierto incluso para las más organizadas, pulcras, meticulosas y amantes de la moda. De nada sirve tener un enorme vestidor, tan impoluto como el de Rihanna: si no sientes que lo que hay ahí dentro te reafirma, no podrá ser un espacio seguro y reconfortante.

Ser cuidadosa en el vestir es un proceso y un ritual. Es una forma de ser que te enseña a escucharte a ti misma, y no a las voces tóxicas de la cultura que revolotean por tu cabeza. Así que vamos a empezar por purgar tu armario de esas voces externas que lo habitan —y que inicialmente no eran tuyas— para reconvertirlo en un refugio. (A esto es a lo que yo llamo «hacerte amiga de tu armario».)

Tal vez estés pensando: «Vale, pero el problema no está en mi mente, sino en mi cartera. Si tuviera suficiente dinero, mi armario sería el paraíso».

Las clientas a las que he asesorado durante estos años tenían situaciones económicas de lo más diversas. El dinero puede comprar muchas cosas, pero no puede comprar el bienestar ni el estilo. La única forma de cultivar el bienestar y el estilo es dedicando tiempo a relacionarte contigo misma, a fijarte en las cosas que te deleitan profundamente y a rodearte de las prendas que mejor encajan con la vida que quieres vivir. ¿Qué te parece? ¿No es estimulante? Así pues, aunque no digo que no haya ropa maravillosa que todas desearíamos poder permitirnos, sí te digo que te sorprenderá descubrir la cantidad de prendas fabulosas que puedes permitirte una vez que hayas definido tu auténtico estilo personal.

Sin embargo, dado que a lo largo de la vida cambiamos, una de las formas más poderosas de adaptarte a esos cambios y de entrar en contacto contigo misma es a través de tu armario. Durante la pandemia del COVID-19, muchas personas experimentaron una revolución o un renacimiento, y a veces ese proceso de descubrimiento y reinvención vino provocado por la pérdida. La mayoría de mis clientas se encontraban en pleno proceso de transformación, del tipo que fuera. Aunque pueda parecer frívolo ponerte a revisar tu armario, sobre todo teniendo en cuenta todo lo que ocurría a nuestro alrededor durante aquellos extraños días, hay que pensarlo desde una perspectiva más amplia. El proceso que seguí con ellas les proporcionó una claridad y una certeza renovadas para relacionarse con

el mundo y con su propia transición en esos momentos de incertidumbre. Profundizar en el conocimiento de sí mismas como consecuencia de este trabajo las ayudó fortalecer su resiliencia y flexibilidad. Como sabes, una de las mejores formas de surfear la incertidumbre es arraigarse en aquello que para ti es significativo e importante. No puedes transformarte y crecer cuando no sabes quién eres.

Una de las mujeres que más me impactaron en aquella época fue Diane, que vivía en Nueva Jersey y tenía un hijo adolescente. Había perdido a su marido el año anterior y estaba experimentando una profunda transformación. Era muy bajita, pero por la forma en que estaba orientada la cámara de su teléfono se podían ver a sus espaldas varios estantes de zapatos de plataforma. Se parecía un poco a Cher por el tono ligeramente bronceado de su piel y su larga melena oscura, y me encantó desde el momento en que la vi. Después de pasar un año de luto cuidando de los que la rodeaban, tenía ganas de volver a ser ella misma. Su armario estaba lleno de ropa divertida, pero siempre usaba las mismas prendas, que ni siquiera eran las que más le gustaban (algo muy habitual). Tenía vaqueros estupendos de todos los colores —desde carísimos pantalones pitillo oscuros hasta los *mom jeans* de Zara, un poco desgastados y descoloridos — pero no se ponía ninguno. Y ahora se sentía preparada para recuperar la ilusión por vestirse y por volver a vivir.

Eso es exactamente lo que vas a aprender a hacer. Voy a enseñarte a abordar tu vestuario con un par de preguntas: ¿Qué es lo que realmente me entusiasma de todo lo que tengo? ¿Qué prendas siento que representan la mejor y más auténtica versión de mí misma? Tus respuestas sentarán los cimientos sobre los que levantar un armario que te encante. (Y también arrojarán luz sobre las prendas de las que tienes que desprenderte.)

A partir de ahí, te mostraré cómo trasladar esta misma actitud de amable curiosidad a tu armario cada vez que te vistas. Te sorprenderá cómo esta nueva actitud va a dar un vuelco no solo a tu aspecto, sino a lo que es más importante: a cómo te sientes. Vamos a crear juntas un vestidor lleno de prendas que adores. Y no solo eso: te aseguro que si eres constante en la práctica de los métodos que explico en este libro, experimentarás cambios inesperados en tu vida. Como dice el proverbio zen: «La forma en que haces una cosa es la forma en que lo haces todo». He comprobado que esto es cierto en mi propia experiencia y en la de muchas de mis clientas. Cuando aprendes a cuidar de tu armario, aprendes a cuidarte mejor a ti misma. Y esa es una sensación indescriptible.

Para Diane, eso se traducía en crear nuevos *looks* para ir a los partidos de béisbol de su hijo y para hacer recados por la ciudad. Un *look* relajado y práctico que también pudiera funcionar... para citas por Internet. Yo estaba muy ilusionada con esas citas, y me di cuenta de que ella también.

Acompañé a Diane a través de mi Sistema AB para Renovar el Armario (llamado así por mis propias iniciales), un método que he desarrollado para ayudarte a reconsiderar tu vestuario y enseñarte a vestirte con mimo. Tu armario nunca volverá a agobiarte. Es más, al terminar, descubrirás que se ha convertido en tu oasis personal: un espacio de felicidad y seguridad, de claridad y afirmación. Un retorno al hogar.

Borra la pizarra

¿Estás preparada? Estamos a punto de embarcarnos en un viaje muy personal. Tú a solas con tu armario. Si lo organizas de una forma ágil e intuitiva, podrás vestirte más rápido por las mañanas, e incluso llegarás a divertirte haciéndolo. Este es un momento sagrado: un momento para conocerte a ti misma y colaborar con tu verdadero yo.

Si eres de las que hacen el cambio de temporada con la ropa, te recomiendo que apliques este sistema justo al pasar de una temporada a otra. Por ejemplo, si estás a punto de sacar los jerséis para el otoño, utiliza primero el sistema con la ropa de verano que tienes ahora mismo en el armario, antes de guardarla para la próxima temporada. Te dará una sensación refrescante y arrojará luz sobre lo que tienes: así reducirás las compras *online* durante esos oscuros meses de invierno en los que te pones a mirar las rebajas por Internet en busca de un *look* veraniego que quizá ya tengas.

Manda callar a esas voces

Antes de empezar con la estrategia y la revisión propiamente dichas, vamos a hacer un pequeño ritual. Necesitarás un bloc de notas y un bolígrafo (no el teléfono; un bloc de notas y un bolígrafo físicos).

Desactiva las notificaciones del teléfono y cierra la puerta para evitar distracciones.

Apaga las luces y enciende una vela. Vamos, no seas escéptica, esto es un ritual, y los rituales merecen un cuidado especial. Solo pensando y actuando de un modo diferente podremos empezar a transformar nuestro espacio.

Abre la puerta del armario y siéntate en la cama o en una silla frente él. Cierra los ojos y deja que tus hombros se relajen. Vamos a dedicar un minuto a escuchar esas voces negativas que preferiríamos no oír, las que suben el volumen cuando nos estamos vistiendo.

Cuenta hasta diez lentamente, inhalando y exhalando profundamente con cada número. Cuando llegues a diez, vuelve a hacer lo mismo, esta vez contando hacia atrás del diez al uno.

Ahora abre los ojos y mira dentro de tu armario. Quiero que pienses en las voces que te acosan cuando estás ahí, intentando encontrar qué ponerte. Esas que te hacen temblar cuando vas a prepararte para una entrevista de trabajo, las que se burlan de ti mientras te vistes para una cita.

A medida que surjan, anota lo que te dicen. No lo pienses demasiado: simplemente mira tu ropa y déjalas salir. Sean cuales sean los pensamientos desagradables y crueles que te vengan a la cabeza cuando miras lo que hay dentro de tu armario, escríbelos exactamente como salgan hasta que tengas una buena lista. Cuando no se te ocurra ninguno más, cuando las voces se callen por fin, habrás terminado.

No te saltes esta parte del proceso con un suspiro y un «Oh, vamos, esto es ridículo», porque aquí es donde la mayoría de la gente se para, en esta toma de conciencia ligeramente incómoda. Tienes que permanecer en la incomodidad el tiempo suficiente para que la transformación pueda comenzar. Estoy aquí contigo, y tu voluntad de estar presente en este exorcismo tan importante es lo que ayudará a que todo se consolide. Te sorprenderá lo eficaz que puede ser sacar esas voces del armario. Vamos a rastrearlas y descubrirlas, a revivir algunos momentos no tan buenos, y luego las dejaremos ir para poder seguir adelante.

Al fin y al cabo, ¿cuántas de nosotras seguimos recordando aquel desafortunado comentario que nos hizo nuestro hermano o nuestra madre en el probador cuando íbamos de tiendas siendo adolescentes? ¿O esa crítica sin filtro que hizo a la ligera cierto colega, novio o novia? Yo aún recuerdo el día en que me puse una rebeca superabrigada para ir a trabajar y mi jefa de entonces me preguntó: «¿Estás enferma?». Lo dijo amablemente, pero desde entonces soy consciente de que si te pones una rebeca, el resto del conjunto tiene que ser más arreglado, para compensar. Nadie quiere parecer una abuela con pañuelos de papel metidos en las mangas. Y luego está nuestra fuente casi inagotable de autocríticas. Que no prestemos atención al ruido no significa que no esté ahí.

Una vez que hayas desenmascarado las voces desagradables, analiza cómo te ha afectado el hecho de prestarles atención. ¿Cómo te han influido? ¿Cómo te has comportado por habértelas creído? ¿Cómo han condicionado tus decisiones? Sigue tirando del hilo y

Estas son algunas de las «voces críticas internas» más comunes que escucho a mis clientas:

1. ¡De prisa! No tengo tiempo para pensar en qué me pongo.

2. No tengo suficiente ropa.

3. ¿Me queda bien?

4. Creo que no es cool.

5. No puedo deshacerme de esto.

6. Nada me queda bien.

7. ¿En qué estaba pensando?

8. Se van a reír de mí.

9. ¿Me favorece?

10. ¿Por qué a mí me queda diferente que a la modelo?

11. ¿Soy demasiado joven para esto?

12. ¿Soy demasiado mayor para esto?

13. Odio mi ropa.

14. Odio mi estilo.

15. ¿Qué sentido tiene?

piensa en la ropa de la que dices que no te gusta cómo te queda. O mira esas prendas que nunca escoges y averigua cómo acabaron en tu armario algunas de ellas, por qué te las compraste y por qué no te las pones. Cuanta más información saques, más luz arrojará sobre el resto del proceso. Cuando termines, destruye tu lista como creas conveniente. Esas palabras ya han perdido su poder. Hay a quien le gusta romper el papel en mil pedacitos y echarlos a la papelera de reciclaje, y quien prefiere pasarlo por una trituradora. Algunas personas le prenden fuego en el fregadero de la cocina, a la antigua usanza. Sea cual sea el procedimiento, quiero que mientras te deshaces de esas voces pienses seriamente en desterrar su crueldad de tu vida para liberarte. Estas voces no son tuyas; son las voces de una cultura que pretende aprovecharse de tu miedo e inseguridad. Despídete de ellas y, en serio, que les vaya bien.

Hazte amiga de tu armario

Ahora apaga la vela, enciende las luces y vuelve a sentarte frente a tu armario. Míralo detenidamente. A lo largo de la historia, las mujeres no hemos tenido mucho espacio propio, y muchas de nosotras siguen sin tenerlo. Pero este armario es tuyo. Para bien o para mal, todo lo que ves está ahí porque tú decidiste ponerlo ahí. Es importante que lo reconozcas y te responsabilices de ello. Puede que haya algunas joyas o prendas que heredaste y para ti son importantes por su valor sentimental. Lo que nos ponemos tiene mucho poder, no pasa nada si no quieres llevarlas todos los días.

Sin embargo —presta atención, esto es igualmente importante— el hecho de que todo lo que ves en tu armario sea tuyo ahora mismo no significa que deba seguir siendo tuyo para siempre. Del mismo modo que identificamos y purgamos las voces tóxicas que lo habitaban, vamos a purgar la ropa que ya no te sirve. (Ten en cuenta que cuando digo *armario* me refiero al lugar donde guardas tu ropa, sea cual sea.)

El truco está en descubrir qué va ahí y qué no. ¿Qué cosas deben salir y cuáles deben quedarse para alegrarte y facilitarte la vida lo más posible? ¿Cuáles te hacen sentir mejor? ¿Cuáles te dan ganas de volver a la cama y meterte bajo las sábanas?

La confianza es una moneda muy valiosa, una energía que puede infundir a todo el día una magia extra cuando más la necesitas, ya sea para una reunión importante o para una primera cita por In-

ternet. Eso es justo lo que le faltaba a Diane: aunque se sentía preparada para volver a salir ahí fuera, confesó que la pregunta «¿Qué me pongo?» era uno de los grandes obstáculos que la frenaban. La ropa adecuada puede contribuir a sacar lo mejor de ti misma, a mostrarte tal y como eres. Diane quería expresar su lado divertido y fogoso, pero eso no se reflejaba en su vestimenta.

Puede que pienses que el primer paso para reformar tu armario sea actuar enérgicamente: tomar el control, arrancando cosas de las perchas a puñados, para decidir quién quieres ser y elegir tu ropa en consecuencia, pero en mi opinión esa no es la mejor forma de crear un vestuario auténtico. Según mi experiencia, lo más importante y lo mejor es empezar por ser amable. Como ya he dicho, piensa en tu armario como en un amigo. Reflexiona con curiosidad y delicadeza sobre el tipo de ropa que de verdad te encantaría tener. No pienses en el tipo de persona que crees que deberías ser o que a la gente le gustaría que fueras o que desearías ser: imagina solo la mejor versión de ti misma, con la que serías más feliz. Con tu alma, tu corazón, tus debilidades y tus dones.

Ese es el yo que te mostrará cuál es tu verdadero estilo personal, el que sabe lo que realmente es importante para ti y lo que valoras. Ese es el yo que queremos que lleve el timón. Porque a la hora de reformar tu vestuario, cuanto más sincera seas sobre lo que de verdad te gusta y a lo que dedicas tu tiempo, más feliz te sentirás cada vez que abras la puerta del armario, y más bienvenida, acogida y a gusto te sentirás. Tu forma de vestir puede conducirte a una vida mejor. Así que, ahora que estás en este espacio tan abierto, agradable y acogedor, mira tu ropa y pregúntate: ¿Cuáles son las prendas que más me pongo?

El Sistema AB para Renovar el Armario

En mi asesoría de estilo trabajo principalmente con el Sistema AB para Renovar el Armario. Los pasos de este protocolo nos permitirán profundizar, ser realistas y centrarnos en ti. Espero que seas capaz de concederte este tiempo para reflexionar y recrearte en tu cuidado personal. Vas a cosechar enormes beneficios en cada etapa del camino. Dedicar este tiempo ahora te ahorrará tiempo a largo plazo. Así que reserva una hora libre de interrupciones. No querrás que tu marido, tu novia o tu hijo de tres años con las botas llenas de barro irrumpan en mitad del proceso.

Paso 1: Saca tus habituales

El primer paso del Sistema AB para Renovar el Armario consiste en responder a la pregunta con que cerramos el capítulo anterior: ¿Cuáles son las prendas que más me pongo? Aquí se trata de identificar lo que yo llamo tus «habituales». Y es muy fácil. Para empezar, ponte delante de tu armario y saca la ropa que te pones siempre. Identifica todas las prendas que más suelen rotar y ponlas sobre la cama, o cuélgalas en un perchero. Todo aquello que te pones a diario, lo que eliges cuando quedas con una amiga para cenar. Sácalo todo, sin límite ni excepción.

Recuerda: no busques lo que más te gusta o lo que te gustaría ponerte siempre... Sé honesta contigo misma. Si son pantalones de chándal, sácalos; si son un millón de camisetas blancas... ¡sácalas todas! Haz lo mismo con tus zapatos, bolsos y otros complementos. Queremos a nuestros mejores amigos porque con ellos podemos ser nosotros mismos, y ha llegado el momento de ser tú misma ante tu armario.

Ahora, una vez que hayas reunido todos tus habituales, echa un vistazo a lo que has sacado. ¿Cuál es el común denominador? ¿Qué formas son más recurrentes? ¿Predomina alguna gama de color?

¿Hay ciertos tejidos que se repiten? ¿Te gusta lo que ves? ¿No te gusta? ¿Por qué? Hacerte una idea real de lo que sueles ponerte es un buen indicador de cuál es tu auténtico estilo y de cómo te muestras actualmente ante el mundo. Cuando aíslas estas prendas del resto de las que tienes en tu armario, la foto empieza a hacerse más nítida. Por ejemplo, Diane siempre iba con unos *leggings* negros desgastados y una enorme chaqueta verde estilo militar. En seguida se dio cuenta de que eso la hacía más aburrida de lo que quería. Y no habíamos hecho más que empezar.

Si no te gusta mucho lo que ves, no te preocupes. Estamos en un momento delicado, con todas tus cosas tiradas y desparramadas a tu alrededor. En este punto del proceso suelo ver más de una lágrima. No es más que una señal de que hasta ahora no te habías concedido el tiempo necesario para descubrir qué tipo de ropa te gusta realmente, o que no te habías permitido comprarla. No te preocupes. Vamos a resolver ese problema.

El proceso no tiene por qué ser caótico y abrumador. Sin embargo, te recomiendo que completes el ciclo de un tirón. Sigue los cinco pasos, e incluso antes de seguir puedes pasar el aspirador por todos los rincones y dejar todo recogido para poder empezar de cero mañana por la mañana. O también, si no quieres vaciar todo el armario y los cajones de una vez, puedes abordar cada categoría de una en una.

Si has llegado hasta aquí, lo estás haciendo muy bien.

Y ahora que hemos sacado tus habituales del armario, echemos un vistazo a lo que queda dentro.

Paso 2: Identifica tus «nuncas»

Es hora de identificar tus nuncas. Quiero que saques del armario todos los artículos que no utilizas nunca y los apartes en una zona diferente. Puede que sean cosas que te encantan pero que nunca te pones; cosas que nunca te pones porque las odias; cosas que ya no se ajustan a tu cuerpo o no encajan con tu estilo de vida; cosas que no sabes cómo combinar, o cosas que solo sabes combinar de una forma determinada. Todo eso conforma tu sección de nuncas. Cuando la tengas, haz lo mismo con tus complementos. Añade todos los zapatos, cinturones y bolsos que nunca utilizas. Y atención: esta sección puede parecer un poco heterogénea en comparación con la de tus habituales. Pero no temas, porque la vamos a desglosar.

Paso 3: Divide tus nuncas en tres bloques

Hay tres tipos de nuncas, y en este paso vamos a clasificarlos por bloques.

Bloque 1: Tus «nunca jamás»

Es la ropa de la que te vas a deshacer. Son prendas que ya no te quedan bien, que no te gustan y que no te hacen sentir bien. Por favor, recuerda que no pasa nada por desprenderse de la ropa. Cada vez que donas uno de tus nuncas, se lo estás ofreciendo a otra persona que lo pueda aprovechar. Si se queda en tu armario no le sirve a nadie, y te aseguro que algunas de las prendas que ya no te gustan pueden hacer muy feliz a otra persona. Mi nunca jamás más reciente era una prenda que parecía hecha para mí: una chaqueta de punto de una exclusiva marca que estaba a medio camino entre una americana y una rebeca. El problema es que cuando quiero una americana, me pongo una americana, y lo mismo ocurre cuando quiero una rebeca. Me la probé dando un paseo experimental (con las etiquetas puestas) y luego la puse a la venta. Y la dejé ir, con mis bendiciones. Me encanta pensar que mi error se convertirá en la gran suerte de otra persona.

Puede que un artículo se te haya quedado pequeño emocionalmente: tal vez cuando lo compraste estabas en una etapa diferente de tu vida. Puede que te haya quedado pequeño físicamente, como le ocurre a todo el mundo. Puede que te lo hayas puesto hasta la saciedad y ya no esté presentable. Pero si tu armario está anclado en el pasado, es posible que tú también lo estés. Conservar lo que ya no necesitas fomenta el estancamiento a todos los niveles. Si te apegas a cosas que representan versiones pasadas de ti misma o estás intentando que te sirva algo que ya no te gusta realmente, estás cerrando la puerta a tu verdadero yo y a la posibilidad de compartir tu mejor versión. Déjalas ir.

Antes de juntar todos tus nuncas, busca una caja, una bolsa de basura o una maleta en la que puedas echar todo. Creo que si me quedo mirando la misma prenda durante demasiado tiempo, empiezo a dudar de mí misma y a menudo la vuelvo a añadir al montón. Así que, una vez que has decidido que una prenda no te sirve, no te queda bien o no te hace sentir fabulosa, debería desaparecer. Una vez que estas prendas están fuera de la vista en una caja o en una bolsa, puede que incluso experimentes cierto alivio.

Bloque 2: Tus «ahora no»

Aquí va todo aquello de lo que no quieres deshacerte, pero que tampoco quieres tener en el armario. Algunos ejemplos son las prendas de maternidad, la ropa de ciertos eventos concretos, artículos que no quieres ponerte pero de los que no te puedes desprender por su valor sentimental, o aquellos que simplemente son interrogantes.

Creo que este bloque es de gran ayuda para aquellas a las que nos cuesta decidirnos. Puedes poner los «ahora no» en una maleta, una caja o un armario aparte. Deben estar en un lugar al que tengas acceso, pero no con demasiada facilidad. Si después de tres meses no has echado mano de una prenda ni has pensado en ella, entonces es hora de dejarla marchar. Anótalo en tu calendario. Yo diría que nueve de cada diez veces las cosas del bloque «ahora no» terminan por donarse. Tengo una clienta que dona su caja de «ahora no» cada vez que se llena hasta arriba.

Bloque 3: Tus «cómos»

Estas son las prendas que te encantan pero que no sabes cómo ponerte. Suelen ser cosas que te entusiasmaron en la tienda, pero que no se han movido de tu armario desde entonces. O te encantaba cómo le quedaban a otra persona, pero no sabes cómo hacerlas tuyas. En el caso de Diane se trataba de una fantástica americana de pata de gallo con botones dorados brillantes, y cuando la probamos con una camiseta *vintage* de AC/DC y unos vaqueros, se puso literalmente a saltar de alegría.

Ríndete al flechazo

Siendo una apasionada de la moda, conozco muy bien esa exaltación que se siente al encontrar una prenda maravillosa que te cautiva. Puede que no encaje con tu estética, pero hay algo en ella que te llama a gritos para que la compres. Esto es lo que yo llamo un flechazo. Son las prendas que no cuadran necesariamente con el resto de tu vestuario, pero que abren la puerta a las posibilidades. Es bonito tener algo que te recuerde a una época y a un lugar determinados, o que sirva de estrella polar que te guíe hacia donde te gustaría que evolucionara tu estilo.

La idea es que no seas demasiado estricta o dogmática con el flechazo, y dejes un poco de espacio para el crecimiento y la exploración. Por ejemplo, yo tengo un par de bailarinas de color rojo intenso que adoro. No pegan nada con el resto de mi ropa, que se basa por completo en tonos neutros, pero hay algo en ellas que las hace irresistibles. Tal vez funcionen como una brújula que apunta hacia un futuro crecimiento, o tal vez no sean más que una reminiscencia de la Pippi Calzaslargas que un día fui, pero me encantan. Recomiendo a todas las lectoras que se tomen la libertad de expresarse de esta forma si se presenta la ocasión. Nunca se sabe adónde puede conducir.

En el proceso de recabar información sobre cada prenda resulta muy útil plantearte estas preguntas:

¿Me la pongo? Si es así, es una habitual. Si no, probablemente sea mejor clasificarla en alguno de los bloques de nuncas.

¿Cómo me siento cuando me la pongo? Si es algo que te pones siempre pero lo odias, eso también es importante. Incluso si es una prenda habitual, pasémosla a la categoría de nunca jamás, y busquemos otra versión o estilo que cumpla esa misma función.

¿Cómo me lo pongo? Si es algo que te pones siempre de la misma forma, tal vez puedas pensar en combinarla de un modo diferente.

Paso 4: Dale una segunda vida a tu ropa

Una vez que nos hemos deshecho de todos tus nuncas, nos quedan las prendas que te pones siempre (tus habituales) y las prendas que te encantan pero que nunca te pones (tus cómos). Si bien tus habituales son nuestro lugar seguro, tus cómos son tus comodines. De lo que se trata ahora es de cómo combinarlos. Por ejemplo, supongamos que en tus habituales hay muchos vaqueros y americanas sencillas que sueles combinar entre sí, pero en tus cómos tienes una americana estampada y original. Podrías probar esa americana diferente con tus vaqueros habituales en lugar de con las americanas de siempre. Combinar uno de tus comodines con uno de tus habituales es una forma de permitirte evolucionar y asumir algunos riesgos sin dejar de sentirte tú misma.

Desmontar tu armario y reconstruirlo tiene enormes ventajas. Durante mi sesión con Diane trabajamos mucho con las proporciones. Por un lado, había prendas magníficas, y por otro, sus *looks* básicos, pero al seguir todos los pasos del proceso conseguimos que

todo lo que tenía y le encantaba se pudiera integrar de una forma novedosa acorde con sus nuevas necesidades. Quería crear un *look* relajado para trabajar desde casa, pero como mide 1,55 m de estatura se resistía a renunciar a sus sandalias con cuña, que solía llevar con pantalones pitillo que le quedaban por encima del tobillo. Esa combinación hacía que sus piernas parecieran más cortas, pero cuando se puso las cuñas con unos vaqueros de campana y de talle alto, apareció la nueva Diane. La pata de elefante junto con el tacón alargaba mucho su pierna. Y con su pelo liso a lo Cher lo teníamos todo. Diane también descubrió que su preciosa colección de blusas de seda estampadas —que había desterrado porque eran «solo para el trabajo»— eran justo lo que necesitaba para una salida nocturna. Esto ocurre muy a menudo. Cuando compramos algo para el trabajo o para el fin de semana, quizá no nos demos cuenta de que se puede combinar y llevar de distintas maneras. Aunque Diane solía ponerse sus blusas con pantalones o con americana para ir a trabajar, cuando se probó una con *leggings* de cuero, el *look* era totalmente distinto: guapa y seductora. Elegimos una blusa ligeramente transparente y se puso debajo un bonito sujetador negro de encaje, por si acaso. Desabrochando la blusa un poco más de lo que lo haría para el trabajo, creaba el efecto de un escote superlargo. Lo rematamos con un par de aros dorados, y el resultado fue realmente impresionante.

Paso 5: Organiza tu armario

Por fin ha llegado el momento de volver a montar y reestructurar nuestro armario recién renovado. Aquí voy a pedirte que seas muy metódica. Quiero que lo organices por categorías y colores. Reúne todos tus habituales y tus cómos y colócalos en el armario, dividiéndolos por categorías, por ejemplo: americanas, blusas, pantalones, faldas, vestidos, etc. Cada categoría debe tener su propio apartado, y dentro de cada uno, agrupa las prendas que sean del mismo color. Créeme: uno de los grandes placeres de la vida es ponerte ante tu armario, contemplar tu ropa limpia y ordenada, y saber que todo lo que hay ahí dentro te gusta de verdad.

Por qué el Sistema AB para Renovar el Armario te ayuda a ir de tiendas

Ahora que has organizado tu armario tienes mucho más claro lo que tienes, lo que te pones, lo que necesitas y lo que de verdad te gusta. Hay mucho más por descubrir, pero solo esto ya te permite comprar de forma más inteligente y tomar decisiones más acertadas de cara al futuro. Como ves, tener el armario superorganizado te facilita mucho la vida. Colocar todo por categorías y colores te da una perspectiva global de lo que realmente tienes, lo que te ayudará enormemente a saber cómo combinar tu ropa e identificar lo que quieres comprar la próxima vez que vayas de tiendas. Si descubres que han quedado lagunas en tu vestuario tras la reforma, no pasa nada: al menos ahora sabes cuáles son y no irás comprando cosas al tuntún y sin rumbo. Identificar esos vacíos es clave. También te sirve para seguir afinando el proceso de renovación. Por ejemplo, quizá te des cuenta de que tienes tres camisas de rayas azules y blancas (¿las necesitas todas?), y sin embargo te vendría bien tener otro par de pantalones largos oscuros. ¿Qué tal si vendes una de esas camisas de rayas en una tienda de segunda mano y aprovechas para llevarte unos pantalones azul marino? Así que tómatelo con calma antes de salir corriendo de tiendas. Hay que echarle una buena dosis de reflexión, intención y estrategia.

Por ejemplo, si acabas de deshacerte de todas tus camisetas de seda de tirantes, eso no significa que necesites otras nuevas: obviamente, por algo no te las ponías. Pero si lo piensas detenidamente, puede que haya otro tipo de prenda que podrías ponerte en su lugar debajo de las americanas, como un *body* o una camiseta de canalé sin mangas. Pregúntate entonces: ¿qué tenían esas prendas para que no me las quisiera poner nunca? ¿Necesito algo que las sustituya? A lo mejor descubres que lo que te gustaba era su tacto sedoso, pero no tener que llevar un sujetador sin tirantes. En ese caso podría venirte bien una camiseta de seda sin mangas que oculte los tirantes del sujetador. O tal vez ahora que eres madre no te apetece andar lavando prendas de seda, y puedes optar por una camiseta de tirantes, pero de algodón. Estas preguntas y reflexiones te ayudarán a elegir mejor.

Supongamos que has desterrado un montón de blusas de lunares a tus nunca jamás: pues ya sabes que la próxima vez que vayas de compras no debes acercarte a la sección de lunares. O tal vez cuando estabas organizando tu armario contaste hasta seis camisetas blancas de manga larga... Parece que tendrás suficiente con ellas por un tiempo.

Haz una foto mental de tu vestuario actual antes de ir de tiendas. Esa imagen te ayudará a comprender tu estilo y a comprar de una forma acorde con lo que tienes. Por ejemplo, si tu vestuario se compone de colores neutros y te encuentras con un jersey amarillo chillón, piensa en cómo quedará ese jersey colgado en tu armario. Si destaca como una mosca en la leche, quizá signifique que no combinará con el resto de tus prendas. Pero si, por el contrario, una vocecita dentro de ti grita: «¡Oooh, me encanta cómo quedaría ese amarillo chillón con mis pantalones de lana beige, es justo lo que estaba buscando! ¡Me lo pondré en la cena de mañana!», entonces probablemente sea una buena señal de que ese jersey amarillo es una apuesta segura, y una clave importante para dilucidar tu estilo personal.

Tu armario, tu reflejo

¿Recuerdas que al principio de este proceso he declarado tu armario como tu reino soberano? ¿Ese en el que tú y solo tú estás al mando? Pues bien, ahora que hemos exorcizado las voces indeseables, que hemos desterrado las prendas que ya no te quedan y que hemos dispuesto todo en una sinfonía de colores, estampados y secciones perfectamente definidas, quiero que te sitúes delante de él y observes cómo te sientes. Haz una pausa y saborea el momento. Este nuevo nivel de organización no solo te proporcionará una maravillosa sensación de calma y control, sino también de identificación al contemplar algo que refleja perfectamente tus propios gustos, necesidades y deseos.

¿Qué se siente al saber que todo lo que hay ahí dentro te encanta y le darías un sí rotundo? ¿No te sientes fabulosa, como una reina? ¿*Sexy* y poderosa al mismo tiempo? ¿Notas cómo todo eso se refleja en una postura más erguida? ¿No te sientes orgullosa de esas prendas que te pertenecen, porque sabes que son fruto del tiempo que te has tomado para escucharte y tomar conciencia de lo que realmente te gusta, para elegirlas y colocarlas con cuidado?

Un armario es un «taller», no un archivo. Eso significa que es un lugar sagrado que refleja en todo momento quién eres y en quién te estás convirtiendo. Si eres madre y tu día a día consiste en llevar y traer a los niños, asegúrate de que esa realidad se plasma en tu armario, y es para esas circunstancias para las que debes planificar tu vestuario. No hay nada de malo en preocuparse por lo que te vas a poner, aunque se trate solo de recoger a tus hijos, porque estos momentos «intermedios» son los que conforman ahora mismo tu vida y tu estilo. No somos Carrie Bradshaw. Nuestro armario no debe

ser un escaparate. Queremos ropa bonita, pero también queremos vernos a nosotras mismas —a nuestro verdadero yo— reflejadas en ese espacio.

Puede que ya te hayas hecho una idea de hacia dónde te gustaría que evolucionara tu estilo a partir de aquí, que es el tema que abordaremos a continuación. O puede que hayas descubierto que has estado intentando expresar tu estilo todo el tiempo, pero no de forma sistemática. Cuando Diane y yo terminamos de revisar su armario, dijo: «¡No me había dado cuenta de la cantidad de ropa buena que tenía!». Eso me encanta. Este proceso es una oportunidad para volver a conectar con esas partes de ti misma que se habían perdido por el camino. Diane estaba realmente entusiasmada por volver a salir, en parte porque ahora sí se sentía preparada.

Por supuesto, aún no hemos terminado con tu armario: el proceso de definir y refinar tu estilo personal no ha hecho más que empezar. Pero ¿no es genial haber llegado hasta aquí? ¿No te hace sentir bien saber que estás en la dirección correcta?

Tu armario, tu templo

Tu forma de relacionarte con tu armario influye en la relación que tienes con tu cuerpo. Cuando solo tienes prendas que realmente te gusta ponerte, que son de la talla real que ahora llevas y que te quedan bien, te reafirmas contigo misma en lo mucho que vales. He trabajado con mujeres que no se permitían comprar lo que les gustaba hasta que no tuvieran el cuerpo que creían que debían tener para ponérselo, y mientras tanto usaban ropa de reserva, por lo que se sentían fatal. Darte permiso para verte y sentirte genial con tu propio cuerpo, tal y como es, es una sensación única.

Mi clienta Eva odiaba su armario porque sus niveles de inspiración estaban prácticamente a cero. Acababa de divorciarse y estaba lista para renovarse en todos los sentidos: estaba tomando grandes decisiones vitales, pero aún no le había llegado el turno a su vestuario.

A Eva le encantaba vestirse y comprar ropa, pero siempre elegía las mismas cosas. Así que necesitábamos más organización. Vivía en Nueva York, por lo que su armario no era muy grande. Además, estaba lleno hasta arriba y lo tenía completamente desordenado, a pesar de que el resto de su piso estaba limpio y con todo bien colocado. En una sola percha había varios vestidos apilados, algunos con tops metidos dentro; muchas camisetas de tirantes estaban enroscadas en el cuello de las perchas; en una misma percha de pinzas tenía cuatro faldas. Como su armario le abrumaba tanto y no dedicaba tiempo a ordenarlo, solía echar mano siempre de las mismas cosas y se las ponía una y otra vez. Estaba demasiado saturada como para buscar inspiración o para explorar nuevas combinaciones.

Lo primero que hice con ella fue separar todo por categorías y colores, y girar todas las perchas en la misma dirección (te sorprendería el cambio visual que supone este pequeño gesto). Según avanzamos, fue redescubriendo prendas que no había visto en años. En lo alto de un estante al que era muy difícil acceder, encontramos zapatos escondidos de los que simplemente se había olvidado, así que trasladamos todos sus zapatos a un estante más bajo para que pudiera verlos con facilidad. Cuando llenamos tres grandes bolsas negras de basura con un montón de prendas para donar, le agobió pensar que «no tenía nada que ponerse». Pero al dejar las bolsas en el salón y volver a su armario, la desafié a que nombrara diez de las prendas que habíamos metido en las bolsas. Apenas pudo decir tres. Creo que tener una gran cantidad de ropa la reconfortaba de algún modo. Pero en el momento en que desaparecieron, ni siquiera podía recordar cuáles eran. La cantidad le impedía discernir la calidad.

Si compraste las prendas que tienes es porque en algún momento debieron de gustarte. Así que probablemente el rechazo que te producen tu armario o tu ropa se deba al desorden o al agobio. Tu armario debería representar el orden y el cuidado, y ser un contrapunto al caos de la vida diaria. Por eso solo vamos a guardar en él lo que contribuye a tal fin. Así que antes de nada tienes que despejar todo lo que no te quede bien o te haga sentir que has malgastado el dinero: en definitiva, todo lo que no te aporte felicidad.

Cuanto más acogedor lo encuentres, más tiempo pasarás en él, más inspiración encontrarás al vestirte y más éxito tendrás al crear tus *looks*.

Siempre que sea posible, optimiza la accesibilidad y la visibilidad. Hay formas de hacerlo, sea cual sea el espacio del que dispongas. En mis numerosas visitas a armarios he visto configuraciones de lo más singulares e interesantes. He conocido mujeres con habitaciones dedicadas exclusivamente a su ropa y complementos, mientras que otras muchas (como yo) disponemos de poco espacio y lo organizamos todo en los estantes del armario. Sea cual sea tu caso, la clave del éxito está en ganar la batalla al desorden aprovechando al máximo los recursos de los que dispongas.

A tu manera

Coloca las cosas de un modo que para ti sea intuitivo y tenga sentido. Organízalo por colores, como sugiero en la primera parte, por categorías o por estilos: de cualquier forma que te facilite buscar y encontrar lo que necesitas. A mí me gusta ordenar la ropa y los complementos por estilos y colores, porque me resulta más cómodo y estimula mi creatividad. Es difícil encontrar la inspiración en un armario desordenado, inconexo o caótico. El objetivo es que tu ropa sea muy accesible, para fomentar la experimentación. Así que siempre que sea posible, opta por lo fácil.

Deja que cuelgue

Como mi armario es pequeño y en él no caben muchas estanterías, he adoptado la costumbre de tener la mayor parte de mi ropa colgada. Aunque al principio me resultaba incómodo, ahora no podría hacerlo de otra forma. Me permite ver todo a la vez. Si puedes recorrer todo tu vestuario de un solo vistazo, puedes trabajar con él de forma holística y coherente, en lugar de tratarlo como grupos de prendas separadas.

Yo cuelgo incluso los vaqueros, y me encanta: así puedo ver tanto la parte del tobillo como la etiqueta, e identifico cada estilo al momento sin tener que descolgarlos. También me gusta colgar los cinturones. Las tiendas de organización del hogar venden perchas especiales que funcionan de maravilla: el travesaño de la percha está tachonado de ganchitos, uno para cada cinturón. Cuando puedes ver lo que tienes, te animas a buscar nuevas prendas.

Líneas de visión

Cuando trabajaba como ayudante de estilismo, una de mis tareas favoritas era desempaquetar los baúles de la sesión fotográfica y colocar los zapatos. Exponía cada par con un zapato hacia delante y otro hacia atrás para que se vieran los dos ángulos, y los ordenaba todos por color y estilo. Soy una persona muy visual, así que la disposición de los estantes o del calzado me ayuda mucho a orientarme dentro de lo que estoy haciendo.

Si tienes espacio suficiente para exponer los complementos, ¡disfruta colocándolos como en un muestrario! De lo contrario, tendrás que ser más creativa. Yo tengo el calzado en unas pequeñas estanterías que he puesto en el suelo del armario. Hay a quien le gusta tener los zapatos en sus cajas, pero a mí me parece que al estar guardados es un engorro tener que abrirlas y al final no los usas. Además, las cajas ocupan espacio, y yo llevo demasiado tiempo viviendo en apartamentos pequeños de Nueva York. Como alternativa, te recomiendo clasificarlos en cajas de almacenaje. Para poder localizarlos fácilmente cuando los necesites, puedes agruparlos por tipo, etiquetando cada contenedor por fuera: por ejemplo, «zapatos de noche», «sandalias», «zapatillas», etc. Y te sugeriría hacer lo mismo con los bolsos. Permíteme recordarte que adoras tu armario: trata a

tus complementos como se merecen. Deja a los bolsos un poco de espacio para respirar, envuélvelos con cuidado y no los apiñes en cajas. Yo relleno con papel de seda los zapatos y bolsos más delicados y los meto en una bolsa de tela antes de guardarlos en su contenedor.

También me gusta tener a la vista los artículos más pequeños. Me encanta exponer las gafas de sol en una bandejita que me permita verlas todas juntas, algo que aprendí de las sesiones fotográficas. Y prefiero los joyeros con muchos compartimentos a esos platitos para las joyas: son muy monos, pero no resultan muy prácticos porque no puedes ver todas las joyas a la vez y además se terminan enredando unas con otras. Es mejor colocarlas como en un muestrario.

Cambio de temporada

Siempre que sea posible, lo ideal sería guardar en el armario toda tu ropa. Creo que separar los artículos por temporadas a veces limita tu creatividad. Las prendas no tienen por qué ser estrictamente de invierno o de verano. Si no tienes espacio, es preferible guardar aparte lo que no te pones, más que lo que sea de otra temporada; o también puedes hacerte con un perchero móvil para llevarlo a otra habitación, pero seguir teniendo esa ropa al alcance si la necesitas. Lo que yo hago para dejar sitio a las cosas de primavera y verano es colgar los abrigos grandes de invierno en un perchero y meter las botas en un contenedor de plástico que tengo en el trastero. Lo de utilizar una maleta para guardar cosas creo que solo tiene sentido si pertenecen al bloque «ahora no» (ver página 51). No es muy cómodo ni cuidadoso guardar en una maleta lo que no es de esta temporada.

El cuidado importa

También quiero animarte a que trates toda tu ropa con cariño. Ya sea de Hermès o de H&M, cuelga todas las prendas, lava en seco las que lo requieran, rellena de papel de seda los zapatos y los bolsos antes de guardarlos y lleva los complementos en bolsas de tela cuando viajes. Hazlo con sentido común: si crees que algo se puede aplastar, rellénalo, pero si no, tampoco se trata de malgastar papel. Cuanto más cuidadosamente trates tu ropa, más querrás ponértela. Si te la quitas y la dejas hecha un ovillo, esa prenda te resultará mucho menos atractiva. Y tú quieres estar divina, no como si te hubieras puesto lo primero que sacas de un montón de ropa tirada por el suelo. Si una prenda no es cara pero la tratas bien y con cuidado, al ponértela te sentirás especial.

Al vapor

Todo el mundo debería invertir en un vaporizador de ropa. Te ahorrará tiempo, dinero y las molestias de la limpieza en seco. A veces basta con un poco de vapor para ponerle el broche de oro a una prenda. Hace que todo parezca fresco y nuevo. Incluso a las camisetas les sienta muy bien el vapor, porque las hace más flexibles. Ese aspecto renovado te indica a ti y a los demás que has puesto cierto cuidado, y eso te ayuda a sentirte muy bien.

segunda parte

Tu verdadero yo—Muestra tu mejor versión

¿Y si no tengo un estilo personal?

capítulo cuatro

Para empezar, permíteme que te diga que sí tienes un estilo personal. Y te diré algo más: después de haber trabajado con cientos de personas, cada una con sus propias historias y experiencias, sé que tu estilo personal ya está presente en tu armario. Pero vamos a trabajar para descubrir, definir y refinar aún más ese estilo, al tiempo que exploramos cómo expresarlo de forma única.

En el capítulo anterior nos adentramos en las profundidades de tu armario para sacar tus habituales y tus cómos. Con ese ejercicio te deberías haber hecho una idea general de lo que te gusta ponerte. Puede que tu estilo aún no esté completamente formado, pero nos basaremos en esta mezcla entre ropa real y proyecciones mentales para dar los siguientes pasos. Asigna una palabra a cada una de tus prendas: tus vaqueros favoritos y tu americana más chic; esos pantalones estampados con los que aún no has descubierto qué hacer; ese sencillo vestido lencero que es glamuroso y cómodo a la vez. Todo ello te ayudará a construir tu propio lenguaje de estilo.

En esta sección nos adentraremos en la gramática: las estructuras y los patrones que te servirán de guía en tus elecciones, que aportarán un aire consistente y coherente a tu estilo, y que te permitirán innovar y crecer a la vez. Al fin y al cabo, el estilo personal no es más que otra forma de representar la versión más asombrosa de ti misma: la más completa y auténtica, la que abarca todas las facetas que quieres mostrar.

Cuando te decidas a expresarte a través de tu vestuario, puede que se produzcan cambios mentales sorprendentes. Jugar con el estilo no solo estimula tu creatividad, sino que también te ayuda a reconfigurar tu perspectiva cotidiana, lo que repercutirá en tu forma de moverte por el mundo. Piensa en lo bien que te sientes cuando te ves espectacular con la ropa que llevas, cómo eso te da seguridad en ti misma. Esto puede cambiar profundamente el estado de ánimo que, como sabes, influye en tu día a día.

Vamos a empezar con una meditación para explorar la visión que tienes de esa versión más radiante de ti misma. Luego nos sumergiremos en el método de las tres palabras que utilizo en mi asesoría para despertar la imaginación, infundir confianza y avivar tu atrevimiento. Esta es una de mis partes favoritas en este emocionante viaje de estilo en el que nos hemos embarcado, donde están involucradas tu creatividad, tu intuición y tus deseos.

Meditación: Visualízate

Pero ¿cuál es exactamente esa mejor versión de ti misma y cómo puedes conocerla? Profundizar en esta pregunta requiere tiempo y espacio. Para sacar el máximo partido al trabajo que estás realizando, sumérgete en el proceso de conocerte y disfrútalo, como si se tratara de entablar una nueva amistad. Dedica diez o quince minutos a este ejercicio para permitir que surja la magia.

Guarda el teléfono. Ten a mano papel y bolígrafo. Busca un lugar cómodo para sentarte o tumbarte y ponte cómoda. Mientras esperas que llegue la inspiración puedes cerrar los ojos, hacer garabatos, esbozos o escribir en un diario: lo que te salga más natural para tomar conciencia de tus pensamientos e ideas.

Inhala y exhala lenta y profundamente unas cuantas veces para conectar contigo misma, concentrándote en tu intención de entrar en contacto con tu verdadero estilo. Luego, imagínate en un futuro próximo: no dentro de diez años, sino la semana que viene, o incluso mañana. Visualiza esa versión de ti misma que es más sabia, va mejor vestida y desborda seguridad, disfrutando de un día realmente estupendo. Proyecta esa imagen en tu mente y enfoca los detalles tan nítidamente como puedas. Recréate en la sensación de verte así. Absórbela.

¿Qué es lo primero que percibes de ese yo? ¿Cómo es? ¿En qué se parece o en qué se diferencia de tu yo actual? Escribe las palabras que te vengan a la mente para describir tu irresistible yo futura. ¿Asociarías esas palabras a algún color? ¿Qué tipo de energía emiten esas palabras? ¿Te revelan algo nuevo? Pregúntate cuándo fue la última vez que te mostraste así, como ese yo auténtico, segura de ti misma y radiante. ¿Cómo te gustaría que te vieran? Y mientras te haces esa pregunta, recuerda que ya eres todo eso: la pregunta no hace más que revelar aspectos importantes de ti que no han aflorado últimamente. Observa las similitudes o diferencias entre tu yo futura y tu yo actual. Si en tu realidad actual tus zapatillas Converse están destrozadas y observas que tu yo futura lleva unas deportivas nuevas de lo más chic, anótalo.

Cuando yo me imagino a mí misma en el futuro, veo a una mujer segura de sí misma, que se encuentra a gusto en su propio cuerpo; una mujer empoderada que se atreve a innovar con ropa y siluetas nuevas, incluso las que resaltan partes de sí misma que no está acostumbrada a mostrar. Por eso mi futura yo no tiene miedo de vestir un poco más *sexy*, y es capaz de combinar un *body* escotado con unos pantalones anchos. Aunque me atraen los colores vivos, nunca suelo alejarme demasiado de mi gama habitual, pero eso no le ocurre a mi yo del futuro: ella tiene algunas prendas muy coloridas que combinan genial con sus neutros favoritos.

Ver esta imagen en alta definición te ayuda a tener más claro lo que te gusta y lo que deseas, así como lo que ya no encaja con tu vestuario. Puedes utilizar esta visualización de tu futura yo como prueba de fuego de tus elecciones de estilo. Cuando vayas de tiendas, puedes preguntarte: ¿Se pondría eso mi futura yo? O al revisar tu caja de «ahora no», plantéate: ¿Se desprendería por fin de esos vaqueros viejos y desgastados? Contar con esta versión imaginaria de ti misma sirve como guía para avanzar. Da gusto pasar tiempo disfrutando de la presencia de la yo que eres ahora y la yo en la que te estás convirtiendo.

El método de las tres palabras

Ahora que nos vamos adentrando en la expresión más auténtica de ti misma, quiero presentarte mi método de las tres palabras, diseñado para ayudarte a desentrañar los detalles de tu estilo personal, acentuarlos e intensificarlos. He descubierto que configurar una combinación única de palabras que te representen puede desbloquear muchas ideas, y sirve como punto de referencia evolutivo que te permite delimitar el territorio de tu estilo. La estética es algo realmente difícil de describir. Por eso a mí me gusta utilizar solo tres palabras, más que dos o cuatro, para crear tensión y contraste en una fórmula que es única para cada persona.

Siempre que mis seguidores en las redes sociales o mis clientas me preguntan cómo encontrar su estilo o cómo evitar caer en tendencias de moda que no van con ellas, les remito a esta práctica de las tres palabras. Tus tres palabras pueden convertirse en un mantra personal. Son algo en lo que apoyarte. Si te concedes el tiempo necesario para averiguar quién eres, qué te gusta y por qué, se te abrirán muchas nuevas posibilidades de expresión. Cuando compartí esta técnica en las redes sociales, obtuve una respuesta descomunal. Muchas personas ansiaban tener un lenguaje propio que describiera su estilo actual o el que querían construir. Además, al mostrar ejemplos de personas famosas, aprendieron a visualizar lo que les gustaba y pudieron averiguar cómo aplicarlo a su propio vestuario de una forma que les pareciera única y genuina.

Me encanta utilizar este método con clientas como Ángela, que se sentía dividida entre las distintas facetas de su vida. Tiene cuarenta y pocos años, es bajita y luce una preciosa melena rizada. Trabaja en el departamento financiero de una empresa tecnológica de Nueva York y le apasiona la vida al aire libre y recorrer en bici la ciudad. Esto significa que, aunque le atraen los vestidos ligeros y de vuelo, también es muy práctica: todo lo que se pone tiene que ser compatible con la bici. Por eso antes de adoptar el método de las tres palabras le costaba compaginar estos dos aspectos de sí misma, y a veces se sentía dividida entre dos tipos de vestuario distintos. Uno era deportivo e informal: su *look* de fin de semana, compuesto por vaqueros rectos o pantalones chinos con camiseta y deportivas. El otro era su *look* para ir a trabajar, más romántico y femenino, que consistía en vestidos vaporosos y escotes con volantes. Para ella, ir de tiendas era como salir a comprar ropa para dos personalidades totalmente distintas, y cada vez que abría el armario se sentía obligada a elegir entre ambas.

Como vestirse le resultaba excesivamente complicado y caótico, acudió a mí para cambiar su planteamiento a la hora de arreglarse por las mañanas. Quizá a ti también te ocurra lo mismo.

Elige tus palabras

Esta sencilla tríada será la brújula de tu proceso de transformación y señalará siempre el punto en que te encuentras, lo que te gusta y cómo te gusta sentirte. Tus tres palabras corroboran lo que dice tu instinto, acompañan tus próximos pasos y te mantienen en la dirección correcta. No hay una forma incorrecta de enfocar este ejercicio, así que, por favor, plantéatelo como algo fácil y divertido. Al igual que tú, tus palabras pueden cambiar y evolucionar con el tiempo, y tal vez adquieran matices solo unas semanas después de haberlas elegido. Permanece abierta a lo que surja cada día para seguir creciendo.

La rueda de palabras que encontrarás en la página 92 puede servirte de ayuda para empezar tu exploración. Léela detenidamente y anota las que más te atraen. Pregúntate cuáles describen tu estilo de forma más evidente y cuáles simplemente te estimulan, aunque todavía no se reflejen del todo en tu vestuario. Tu lista se irá reduciendo a medida que decidas cuáles de las palabras que te llaman la atención son candidatas para las tres categorías que veremos a continuación. A algunas personas les gusta hacer garabatos mientras reflexionan sobre sus opciones; otras eligen en seguida; a otras les gusta pensarlo durante una semana.

Sin embargo, para elegir tus palabras al final tendrás que basarte en la ropa que hay en tu armario. Veamos a partir de tu lista preliminar para identificar tu estilo; solo necesitamos saber qué buscar y cómo encontrarlo.

TU PRIMERA PALABRA

Tu primera palabra es lo que llamaré tu palabra práctica, una palabra definida por tus habituales. Aquí es donde se encuentra actualmente tu estilo. Es tu zona de confort, un lugar donde te sientes segura y como en casa. Echa un vistazo a tus habituales: ¿qué ves? Anota palabras que describan esas prendas. ¿Qué tienen en común? ¿Qué las une? Si no estás segura, puedes fotografiar los *looks* que te has puesto esta semana —solo una foto por día— y luego examinar sus coincidencias. ¿Cuál es el hilo conductor que conforma tu estilo?

TU SEGUNDA PALABRA

Aquí es donde empieza la emoción. Tu segunda palabra debe ser algo a lo que aspiras, una palabra que te guíe directamente hacia esa yo futura de la que hablábamos antes. Es una estrella polar que te sirve de inspiración y te impulsa hacia delante. Si la primera palabra representa tus básicos, ese terreno familiar donde te sientes más a gusto, la segunda palabra proyecta un lugar radiante donde entran en juego la creatividad, la curiosidad y el crecimiento.

Ten en cuenta que para elegir tus palabras no tienes por qué seguir esta pauta, aunque creo que es un método que facilita el proceso y suele funcionarle a mucha gente.

Al trabajar con Ángela, sus dos primeras elecciones fueron realmente fáciles. Con un solo vistazo a su armario pudimos ver que las dos primeras —*romántico* y *deportivo*— representaban los aspectos más evidentes de su estilo. Al darse cuenta de que su ropa de diario y la de fin de semana podían compaginarse en lugar de contradecirse mutuamente, fue como si se le encendiera una bombilla. En ese momento comprendió que, en lugar de mantener su ropa separada, podía mezclar esos aparentes opuestos entre sí para crear nuevos *looks* que incorporaran un elemento de cada estilo. Se abre todo un mundo de posibilidades cuando dejas de plantearte tu vestuario como compartimentos estancos para cada una de tus facetas y fomentas que tu estilo personal se refleje en todo lo que te pones, tanto si estás en el trabajo como cenando fuera o pedaleando por la ciudad.

Por ejemplo, en el caso de Ángela, sus preciosos vestidos lenceros o los más sencillos de algodón le quedaban genial con sus deportivas favoritas; o podía llevar un vestido de volantes con una *bomber*. Se dio cuenta de que mezclando y combinando podía hacer suyo cada conjunto, lo que es mucho más dinámico y satisfactorio que ponerse una romántica blusa de ojales con una falda de volantes.

No tienes por qué replicar el conjunto que lleva un maniquí. La forma personal en que combinas unas prendas con otras es precisamente lo que hace que tu estilo sea único. Y tus tres palabras te ayudan no solo a decidir cómo conjuntar tu ropa favorita, sino también a conocerte mejor a ti misma y cómo te relacionas con el mundo.

TU TERCERA PALABRA

La tercera palabra de esta ecuación aporta un contrapunto emocional: describe cómo quieres sentirte con tu ropa. Por ejemplo, la palabra potente puede significar 'colorido' para una persona y 'sexy' para otra. Y la palabra *sexy* no significa exactamente lo mismo para todo el mundo. Elegir esta palabra puede hacerte sentir realmente bien, como si algo encajara en su sitio. Pero si no lo hace, tampoco pasa nada. A veces, encontrar tu tercera palabra puede llevar un poco de tiempo y de ajustes hasta que la perfiles.

Para la tercera palabra de Ángela, miramos en su armario y pensamos qué podría ser fiel a su estilo pero emocionante a la vez, algo que la impulsara hacia delante. *Elegante* estaba cerca, e incluso *informal* era una opción. Luego examinamos lo que más le gustaba de entre sus prendas habituales y elegimos la palabra *clásico*. Optar por *clásico* como tercera palabra también la ayudaba a sentirse más firme, con los pies en la tierra. Esta palabra la mantenía alejada de lo que ella consideraba demasiado *trendy*, sobre todo en ese momento crucial en el que estaba configurando su nuevo *look*. La palabra *clásico* aportaba más coherencia a su enfoque, y servía de puente entre *romántico* y *deportivo*.

Cuando le parecía que algo no encajaba con un *look* determinado, podía recurrir a sus tres palabras para comprobarlo. Si un vestido lencero con una *bomber* y zapatillas le parecía un *outfit* demasiado deportivo, podía cambiar la *bomber* por una americana clásica para rebajarlo. O para equilibrar un *look* que se pasaba de romántico, como un top con volantes y una falda de seda, podía añadir unas deportivas, una *bomber* o una sobrecamisa vaquera. Así pues, *romántico*, *deportivo* y *clásico* se convirtieron en su nuevo código de estilo, que podía utilizar como lista de chequeo cuando algo no terminaba de convencerla. Cada *look* incorporaría un poco de cada palabra, y la suma total la haría brillar. En definitiva, para Ángela supuso una liberación incorporar este tipo de autenticidad y propósito a su estilo. Después de nuestra sesión me escribió: «Ha sido muy esclarecedor. Ahora entiendo lo importante que es no mantener estos aspectos separados, sino combinarlos en un estilo único».

Y AHORA LAS TRES JUNTAS

La gente suele elegir palabras que «no casan» o incluso opuestas. Pero eso es lo bueno: somos seres multidimensionales y podemos ser más de una cosa a la vez. Es precisamente la combinación de todo ello lo que crea el estilo personal. Puedes tener un estilo barroco y que te encanten los adornos, los estampados y los dibujos, pero a la vez sentirte atraída por el minimalismo. Esa mezcla especial podría manifestarse maravillosamente combinando un jersey liso de cuello vuelto y unos pantalones de tiro alto con una capa de estilo *vintage*, de terciopelo y bordada, unas botas elegantes y unos pendientes dorados.

Como ocurre con cualquier herramienta, hay un truco para manejar el método de las tres palabras con maestría. Consiste en no pretender que cada prenda encaje en las tres casillas, sino en crear un efecto acumulativo en cada *look* para generar de forma conjunta esa energía que quieres transmitir. Porque la verdadera belleza no reside únicamente en las prendas que eliges, sino también en cómo juegas con las combinaciones que ofrecen.

Rueda de palabras

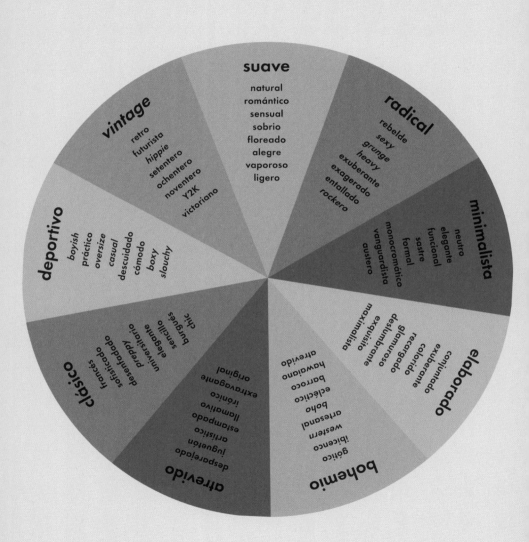

suave
natural
romántico
sensual
sobrio
floreado
alegre
vaporoso
ligero

vintage
retro
futurista
hippie
setentero
ochentero
noventero
Y2K
victoriano

radical
rebelde
sexy
grunge
heavy
exuberante
exagerado
entallado
rockero

deportivo
boyish
práctico
oversize
casual
descuidado
cómodo
boxy
slouchy

minimalista
neutro
elegante
funcional
sastre
formal
monocromático
vanguardista
austero

clásico
francés
opacado
sofisticado
desenfadado
universitario
elegante
burocrático
preppy
chic

elaborado
conjuntado
exuberante
colorido
recargado
glamuroso
deslumbrante
exquisito
maximalista

atrevido
desparejado
juguetón
artístico
estampado
llamativo
irónico
extravagante
original

bohemio
gótico
ibérico
western
artesanal
boho
barroco
ecléctico
hawaiano
atrevido

Por qué las tres palabras te ayudan a renovar tu armario

Tus tres palabras te pueden resultar muy útiles para seguir reno-vando tu armario. El encuadre en el que te sitúan te permite ver claramente cuándo debes desprenderte de algo que no te sirve o no encaja con tu estilo. También te obligan a considerar aquello que quieres añadir a tu vestuario de una forma totalmente nueva y mu-cho más consistente. Cuando Ángela examinó su armario a través de la lente de las tres palabras, pudo ver que le faltaban algunas prendas clásicas que le dieran unidad a todo. Pero en lugar de pensar en qué añadir, se puso a buscar estratégicamente el tipo de prendas clásicas que pudieran optimizar su vestuario.

Con su tríada en mente, acabó donando algunos de sus muchos vestidos, que eran fáciles de llevar pero que la limitaban un poco porque le impedían innovar como quería. Los vestidos son maravi-llosos, pero las prendas de una sola pieza no dan mucho juego. Al eliminarlos, Ángela aumentó el rango de *looks* posibles y empezó a disfrutar creando nuevas combinaciones. De este modo, hizo es-pacio para prendas más clásicas y versátiles que podía combinar de diferentes formas. Descubrimos que sus increíbles pantalones de seda lavables le servían para el trabajo con una camiseta informal y una americana, pero también eran ideales para pasear en bici los fi-nes de semana. Eligió unos mocasines muy clásicos pero con un aire deportivo y masculino, que le daban un punto atractivo a los *looks* más suaves cuando era necesario y constituían una alternativa más elegante que las deportivas.

Y lo que es más importante: ahora que contaba con su mantra de tres palabras y había adquirido una nueva conciencia de sus propias preferencias, deseos y de la imagen que quería proyectar al mundo, Ángela también se dio cuenta de que tenía la capacidad de elegir: tenía el control sobre esa imagen. Esto le pareció enorme. Podía ser vista y reconocida por lo que era. Y también se reconocía a sí misma con mayor claridad. Teniendo su tríada como referencia, podía elegir expresarse de un modo que le pareciera honesto, intencionado y auténtico, pasara lo que pasara.

Se suele pensar que para ir a trabajar o para asistir a un evento importante como una boda muchas veces tienes que ponerte ropa que aunque no te guste es la adecuada para esas situaciones. Sin embargo, siempre puedes mostrarte tal y como eres apoyándote en tus tres palabras. Vestirte para ocasiones especiales es una gran oportunidad para poner a prueba tu tríada. Tengo algunas clientas que se compran algo para un evento concreto pensando más en ese acontecimiento que en sí mismas o en las necesidades a largo plazo de su vestuario. Aunque haya que tener en cuenta el entorno y las convenciones culturales, puedes seguir siendo tú misma vayas donde vayas. En el caso de Ángela, me puedo imaginar sin dificultad un *look* de noche que muestre su naturaleza enérgica y romántica en todo su esplendor: un vestido negro lencero de los que le gusta llevar de diario, con su pelo rizado alborotado y unos labios rojos clásicos. Sin tener que convertirse en otra persona.

Setentera + Clásica + Elegante = ¿Yo?

Cuando me preparo por las mañanas, me baso en mi tríada. Si tuviera que describir mi estilo personal en tres palabras, elegiría: *setentero*, *clásico* y *elegante*. Siempre me he inclinado por los clásicos, incluso en mis años locos como estudiante de moda. Si me ponía unos pantalones de vinilo, los combinaba con una camisa clásica de rayas y un abrigo *vintage* de doble botonadura. Hoy en día hago mía cada prenda clásica gracias a mi pasión por las influencias tan divertidas de los años setenta. Por ejemplo, si me quiero poner una camiseta blanca con vaqueros, opto por unos de campana, o les añado un cinturón retro. Lo mismo ocurre con mi rutina de belleza: mi pelo largo me da un aire setentero, y lo acentúo poniéndome máscara en las pestañas inferiores. De este modo, aunque lleve un simple jersey negro de cuello vuelto y unos Levi's, mi aspecto general sigue teniendo un cierto estilo retro.

Con el tiempo, mi tercera palabra se ha ido transformando y evolucionando. Siempre representa un nuevo destino, una nueva dirección en la que quiero viajar. Es importante concederse un espacio para la exploración y la creatividad. Como suelo vestir de forma bastante informal, me resulta emocionante pensar en incorporar siluetas más elegantes y sofisticadas. En el pasado, mi tercera palabra era *sastre*, porque me gustaban los hombros rectos y los pliegues planos de los trajes sastre, para dar definición y un toque tradicional a lo que llevara. Pero recientemente mi tercera palabra ha pasado a ser *elegante*. Mantengo todas mis florituras setenteras equilibradas, pero con un fuerte contrapunto de sofisticación adulta y elegante. Por ejemplo, si busco un vestido de estilo setentero con mucho vuelo, puede que me decante por uno sedoso o de un color liso.

Sáltate las normas

Aun así, mi estilo personal no se limita a mis tres palabras. En absoluto. Y el tuyo tampoco lo hará. Tus tres palabras crean puntos de orientación por los que navegar, algo que te ayuda a ponerte en marcha. Si quieres utilizar la moda como herramienta para expresarte de forma auténtica, al principio estas palabras te permitirán ubicarte dentro de los parámetros más generales del estilo.

Una vez que lo hayas hecho, puedes empezar a pensar y descubrir las múltiples formas que hacen único tu estilo, algo que difiere y va más allá de las palabras concretas que has elegido. Como dice el antiguo proverbio: «Tienes que conocer las reglas antes de poder romperlas». Por lo que se refiere a la moda, tienes que conocer tus tres palabras antes de poder averiguar qué más abarca tu estilo personal.

Recuerda: el marco está aquí para guiarte, no para encasillarte o constreñirte en una caja rígida que impida tu libre expresión. Recurre a tus tres palabras cuando te sientas abrumada o te falte la inspiración, y atrévete a expandirte cuando necesites un soplo de aire fresco. Y por si te has atascado a mitad de camino —cosa que puede ocurrir, sin duda— voy a darte algunos de mis trucos favoritos contra los típicos bloqueos.

«¡NO PUEDO ELEGIR SOLO TRES!»

No eres la única: muchas de mis clientas al principio no son capaces de reducir el número de palabras, y no hay nada de malo en ello. Sin embargo, cuanto más te acerques a tres, más fácil y claro te resultará el proceso, porque concretar solo en tres te obliga a afinar realmente tu estilo. Apostar por la sencillez y no adoptar demasiadas palabras te mantiene centrada en el vestuario que acabas de configurar. Aun así, si la idea de una tríada se te hace difícil, también he tenido clientas a las que les funciona mejor inventar un personaje, del tipo «francesita coqueta en el Lejano Oeste» o juntar dos pares de palabras, como «rebelde *rockero* pero sobrio y minimalista». Mucha gente elige diseñadores de alta costura como inspiración, como por ejemplo: «el estilo *rockero* de Anine Bing mezclado con The Row». Eso no significa que lo que llevan sea de esas marcas, solo que es lo que les gusta. Así que puede que se inclinen por el estilo *rockero* de Anine Bing y la austeridad minimalista de The Row, pero encuentran prendas de ese estilo en tiendas *vintage* y marcas más asequibles.

«¿Y SI NO ME IDENTIFICO CON NINGUNA PALABRA?»
Te entiendo.

PREGUNTA A UNA AMIGA
Si te bloqueas, hacer este ejercicio con una amiga puede resultar muy divertido. Podéis elegir palabras la una para la otra, o podéis ayudaros para reducir una amplia selección de palabras. A veces no somos capaces de vernos a nosotras mismas con claridad o nos tratamos con demasiada severidad, de un modo en que nunca lo haríamos con una amiga. Así que llama a alguien con quien tengas confianza y pregúntale cómo describiría tu estilo. Y luego reflexiona sobre las palabras que te propone. Estamos tan acostumbradas a nuestro propio vestuario y a vernos en el espejo que podemos perder la noción de cómo se nos ve desde fuera. Verte a través de los ojos de alguien que te conoce y te quiere puede ser esclarecedor.

Inspiración divina

A veces nos cuesta vernos claramente a nosotras mismas. Si necesitas un poco de inspiración para encontrar tus tres palabras, puedes fijarte en tus iconos de moda favoritos. ¿Qué hace que su estilo sea único? Al igual que el tuyo, consiste en una mezcla de varios. Cuando una clienta titubea con el método de las tres palabras, le pregunto qué personaje público le encanta o con cuál se identifica más en cuanto al estilo, y luego elegimos juntas las tres palabras de esa persona. Aunque puede que la tríada de otra persona no encaje exactamente contigo, esas palabras pueden hacerte clic y servirte como punto de partida. Al deconstruir y desglosar el estilo característico de otra persona, puedes localizar las partes con las que te identificas y que podrían describir mejor tu propio vestuario.

Aquí tienes algunas combinaciones para que vayas practicando.

JANE BIRKIN
tomboy, *sexy*, *casual*

YOKO ONO
sastre, juguetona, artística

SOFIA COPPOLA
sofisticada, clásica, formal

KIM KARDASHIAN
exagerada, entallada, exuberante

LADY DI
deportiva, discreta, sofisticada

KATE MOSS
desenfadada, elegante, *vintage*

JIMI HENDRIX
recargado, atrevido, bohemio

RIHANNA
sexy, radical, deportiva

MICHELLE OBAMA
exquisita, atrevida,elegante

HARRY STYLES
setentero, pomposo, sastre

ZENDAYA
arreglada, artística, atrevida

«¿Y SI ME ENCANTA ALGO QUE SE SALE DE MIS TRES PALABRAS?»

Digamos que tus tres palabras son *setentera*, *radical* y *romántica*, pero te encuentras prendada de un vestido minimalista en blanco crudo. Es importante recordar que las tres palabras no consisten en encasillar cada prenda de forma rígida, sino más bien en integrar y dar estilo a las cosas que te gustan, pase lo que pase. Aunque al principio ese precioso vestido minimalista no parezca cuadrar con tus palabras, te lo puedes poner con una chaqueta de cuero o con unas botas de *cowboy* y mezclar el estilo de The Row con el de Saint Laurent. La gracia está en cómo tú te lo pongas. A veces un simple gesto, como remeterse un poco la camisa por delante o subirse las mangas de la camisa, puede darle un toque totalmente diferente a una prenda e infundirle tu esencia. (Más sobre esto en la tercera parte.)

Imágenes que inspiran

Si nunca te habías parado a pensar en tu vestuario de este modo, puede que el ejercicio de las tres palabras te resulte abrumador, pero no te preocupes: unos pocos pasos pueden allanar el camino. Si desentrañar tu propio estilo a partir de la ropa que tienes te resulta complicado, puedes empezar creando un tablón de ideas o guardando en una carpeta de tu teléfono capturas de pantalla de aquello que te gusta, ya sean colores, siluetas, conjuntos completos o prendas sueltas. Piensa en palabras que puedan describir mejor cada cosa y luego trata de averiguar qué tienen en común. Nueve de cada diez veces hay un hilo conductor. Puede que encuentres ciertos elementos *boho* mezclados con elegantes fotos de supermodelos de los noventa, así como referencias al estilo callejero más desenfadado. Es muy probable que lo que te atrae consista más en una mezcla de cosas que en una sola.

Aunque tu vestuario aún no refleje con exactitud esas palabras, lo conseguirás. ¡Así que no desesperes y lo tires todo por la borda! Una vez que encuentres tres palabras con las que te identifiques, que te parezcan auténticas, vuelve a tu armario y mira a ver si tienes algo que pueda describirse con ellas. Apuesto a que sí. E incluso si a primera vista no aparece, puedes crear esa sensación combinando diferentes prendas. Si tu vestuario parece informal pero tu objetivo es ser elegante, puedes añadir algunas prendas clave que te permitan avanzar en esa dirección: unos zapatos nuevos que te puedas poner con vaqueros y con una camiseta para elevar el *look*, o un chaquetón superelegante que puedas llevar con jersey y zapatillas para conseguir un toque más chic.

Allí donde la inspiración y el estilo de vida se cruzan puede ser un terreno especialmente emocionante, una oportunidad para descubrir nuevas formas de plasmar tu estilo. Las personas a las que asesoro me muestran en sus tableros de Pinterest las prendas por las que se sienten atraídas o el estilo hacia el que les gustaría aventurarse. A menudo se puede entrever entre las imágenes un tema de fondo oculto —o no tan oculto—, y tú también puedes descubrirlo. Por ejemplo: ¿hay un color que esté presente en todas tus selecciones? ¿O una silueta concreta? Quizá te atraigan los tops entallados y las partes de abajo más anchas, o al revés.

Para configurar tu propio estilo te resultará útil reunir imágenes que te encantan, que te llenan, lo que significa que son muy potentes y cuya magia puede actuar a tu favor. No escatimes al hacerte con fotos de lo que te gusta. Amplía el rango de tus intereses: añade a la mezcla imágenes de belleza o de decoración de interiores para crear un ambiente holístico. Las imágenes son pura información, lo que te permite alejarte un poco de tu armario para descubrir aquello que más resuena contigo. ¿Cómo se refleja en tu vestuario lo que ves en tus imágenes favoritas? Quizá en las que seleccionas haya vaqueros de pierna ancha pero tú solo te pones pantalones pitillo. O tal vez descubras que todas las imágenes que te gustan son muy coloridas pero tú últimamente solo llevas colores neutros.

Cuando veas una imagen de alguien cuyo estilo te apasione, pregúntate: ¿qué cambiaría yo en el *look* de esta persona? Fíjate bien: ¿hay algo que no te guste del todo? Merece la pena observar estos detalles, ya que pueden ponerte sobre la pista de tu estilo personal. Tal vez hayas elegido una foto de un *look* ideal, pero la mujer lleva tacones y tú eres una chica de zapatos planos. Ese detalle puede ayudarte a traducir la imagen a tu propio lenguaje. No tienes que copiar y pegar, sino darle una vuelta para hacerlo tuyo.

TESORO ESCONDIDO

Seguro que quieres tener este tesoro fotográfico bien organizado: procura que no se vuelva un caos y que te resulte fácil de encontrar para no perder el foco. Puedes organizar tus imágenes en tableros separados de Pinterest, o guardarlas por carpetas en tu teléfono. También es interesante crear una carpeta para tus tres palabras, para consolidar y profundizar en las energías que más te inspiran. Y otra opción es tener una carpeta para cada tipo de artículo: por ejemplo, una para americanas y otra para vaqueros.

También puedes clasificar las imágenes por ocasiones o por temporadas. Eso no significa que no puedas inspirarte en cualquier

look de cualquier temporada, pero te da cierta precisión y estrategia. Yo creé hace más de cinco años una carpeta en mi teléfono que se llama Primavera, y estoy constantemente añadiendo y borrando las imágenes que contiene. Muchas de las fotos se mantienen, pero mi relación con esas imágenes cambia de forma consistente, en función de lo que ocurre en mi vida. Antes, mi carpeta de Primavera incluía montones de fotos elegantes, pero ahora esos tacones altos y esos *looks* tan arreglados de día me atraen menos. El estilo evoluciona de forma sutil. Hace unos años podría haberme puesto el traje estampado de Rod Stewart entero, pero ahora me pondría las piezas por separado: o bien los pantalones de leopardo con jersey negro de cuello vuelto y botas elegantes, o bien la americana de leopardo con camiseta blanca y vaqueros.

Haz con tus fotos lo mismo que con tu armario real: no se trata de empezar de cero y crear un vestuario totalmente nuevo cada temporada, sino de ir añadiendo y repensando lo que ya tienes. Yo recurro a estas imágenes cuando caigo en la monotonía o necesito recordar qué aspectos del estilo me apetece explorar. Es fácil perder el norte dejándose influir por lo que llevan los amigos o lo que ves en las redes sociales, así que dedicar tiempo a centrarte en tus propias fuentes de inspiración te ayudará a volver a ti misma.

A veces, exponerte durante mucho tiempo a imágenes retocadas y perfectas puede hacernos sentir un poco mal. Recuerda que has guardado estas imágenes para inspirarte y para que te sirvan. Tú mandas, no al revés. Mira las fotos con una actitud constructiva. De hecho, si una imagen te hace pensar que tu armario no está a la altura, te desafío a que intentes recrear la idea o la vibración de ese *look* utilizando lo que tienes. Puede que no des con un resultado idéntico, por suerte, pero lograrás algo mejor, porque es tuyo. Apropiarte de imágenes que te inspiran es una forma de reafirmar tu poder sobre tu estilo y sobre cómo quieres que te perciban, pero también sobre cómo absorbes y procesas los medios de comunicación y tus sentimientos sobre la apariencia de las personas.

tercera parte

Convierte tu armario en una zona de bienestar

¿Qué me pongo?

capítulo siete

Ahora que estás descubriendo tu propio estilo y sabes cómo explorar tus gustos para inspirarte y personalizarlos con tu imaginación, es hora de enfrentarte de verdad a una nueva tú. Cuando empiezas a experimentar con diferentes estilos y a configurar nuevos *looks*, es importante que te relaciones contigo misma como lo harías con alguien a quien quieres. Y para ello tienes que esforzarte en mirarte de una forma completamente renovada.

Empecemos por reconocer que al mirarte al espejo hay cosas que no quieres ver. Es verdad que no todas las prendas se adaptan a todos los tipos de cuerpo, pero tienes que dejar de ser tan crítica contigo misma. En lugar de centrarte únicamente en lo que percibes como defectos del tipo «demasiado pequeña», «demasiado alta», «demasiado grande» o «demasiadas curvas», actúa como lo harías con una querida amiga.

Este es un momento crucial en mis sesiones de asesoría, un momento que requiere apertura. Puede que surjan juicios, pero también puedes elegir soltarlos. Al igual que hicimos al desterrar las voces negativas del armario en la primera parte, debes prestar menos atención a las voces que te frenan que a las que te animan a expresarte, disfrutar y crecer.

Todas mis clientas tienen alguna parte de su cuerpo que no les gusta, independientemente de su tamaño, forma o edad. Y a mí también me pasa. ¡Es completamente normal! Y no tiene por qué ser un problema, siempre y cuando no te creas esos pensamientos. Si eres capaz de reconocer las voces negativas sin dejar de orientarte hacia lo positivo, la inspiración seguirá abriéndose paso en tu interior. Una de mis clientas estaba empeñada en que tenía las caderas demasiado altas. Decía que había mucha ropa que no podía ponerse con esas caderas tan altas. Me costó entender lo que quería decir: a mí no me lo parecían. Sin embargo, le propusiera la prenda que le propusiera, insistía en que no le iba a quedar bien con esas caderas. Esa fijación estaba bloqueando su capacidad de explorar. Al final conseguí convencerla de que se probara algunas cosas... y se sorprendió gratamente. Había estado tan enredada en su historia que se había negado a imaginar un final feliz para sí misma. Abrirse a nuevas ideas requiere apartarse de la negatividad.

La mirada del espejo

La mirada del espejo consiste en observar la imagen que tienes de ti misma con curiosidad y amabilidad. Muchas de nosotras nos miramos al espejo al levantarnos y también antes de acostarnos, lo que nos brinda la oportunidad de ajustar el encuadre dentro del que queremos situarnos durante todas las horas intermedias. La mañana es un momento magnífico para centrarte en la intención: cómo te gustaría sentirte. Por la noche puedes practicar haciendo unas cuantas respiraciones para relajarte y tomar conciencia de quién eres, para ayudarte a soltar todo el día. Cómo te ves a ti misma importa. Tu autopercepción condiciona lo que te propones y de qué te crees capaz. Cuando te sientes segura de ti misma se te abren muchas más posibilidades, por eso es bueno crear un entorno a tu favor.

Estos son algunos de mis consejos habituales para mirarte al espejo con la misma curiosidad amable con la que miraste tu armario al inicio. (Y si no tienes un espejo de cuerpo entero, ahora es el momento de hacerte con uno para poder ver tus *looks* de la cabeza a los pies.)

TÓMATE TU TIEMPO

Cuando te pruebes algo, sea lo que sea, no te lo pongas sin más y digas: «¡Lo odio!». Por eso me gusta comprar por Internet: porque puedo probarme la ropa en casa, un espacio cómodo donde ir a mi ritmo. Déjate esa prenda puesta durante unos minutos. Súbete las mangas. Ponte otros zapatos. Prueba a metértela por dentro. Date la oportunidad de ver realmente lo que estás mirando.

SUELTA LA PRESIÓN

Sé honesta contigo misma. Muchas veces estamos convencidas de que una nueva compra nos cambiará la vida. Aunque la ropa que te encanta puede hacerte sentir genial, no puede estar a la altura de ese reto, y puedes acabar sintiéndote decepcionada y desanimada.

EL ESTADO DE ÁNIMO IMPORTA

Pruébate la ropa cuando estés de buen humor. Si estás en casa, pruébatela después de ducharte o de maquillarte. No te pruebes nada si no te sientes bien: probablemente no te gustará lo que veas. En mi caso, sé que cuando tengo la regla no es un buen día para innovar. Aprovecha los beneficios de un estado de ánimo propicio.

SÉ AMABLE CONTIGO MISMA

Cuando iba al instituto trabajaba en una elegante tienda de vaqueros, y allí comprendí lo necesarias que son la vulnerabilidad y la amabilidad para dar forma a tu estilo personal. Era un lugar donde se vendían todas las marcas de moda de la época, como 7 For All Mankind, Miss Sixty y True Religion. Gracias a mis errores aprendí a ofrecer siempre varias tallas a los clientes antes de entrar en el probador, a darles tiempo y a no presionarlos para que salieran a mostrarme cómo les quedaba. Pero cuando me pedían mi opinión, siempre era sincera (demasiado incluso, como cuando le dije a una persona que los vaqueros que se estaba probando eran demasiado caros y que debería esperar a las rebajas..., ¡ups!). Mirarte al espejo con esta mirada amistosa y cómplice marca la diferencia.

LAS TALLAS SON ARBITRARIAS

Ten en cuenta que, aunque el tallaje ofrece una serie de pautas generales, dista mucho de ser universal, y a menudo varía de una marca a otra. Una clienta llegó a decirme que si se probaba una prenda «de su talla» y no le quedaba bien daba por hecho que no era adecuada para ella. En este aspecto era muy rígida, y no se le había ocurrido pensar que si algo no le sentaba bien podía simplemente probarse una talla más o una menos. También es importante recordar que la sastrería puede hacer maravillas para ayudarte a personalizar cualquier prenda solo para ti, sobre todo si estás entre dos tallas. Con una pequeña inversión puedes conseguir una prenda magnífica que te encantará llevar durante años.

También he visto lo perjudicial que puede ser para tu autoestima comprar ropa «para tu peso ideal». Es muy injusto contigo misma comprarte algo para ponértelo cuando estés más delgada o creer que solo mereces tener cosas bonitas si tienes una talla determinada. Te mereces sentirte y tener un aspecto genial en todo momento.

Por no hablar de que en realidad ni siquiera importa la talla que lleves: la etiqueta está por dentro, y tú eres la única persona que la va a ver. Ponerte una prenda que no te cabe es incómodo y no merece la pena. Subir una talla no tiene por qué ser motivo de preocupación. Tuve otra clienta que había acumulado un montón de ropa de «la talla correcta», pero que ya no le quedaba bien. Colgamos una bolsa de tela en el pomo de la puerta de su armario, y cada vez que se probaba algo que no le quedaba bien, lo metía en la bolsa. Así no tenía que reformar todo de golpe, sino que podía ir eliminando poco a poco las prendas que no le sentaban bien. A medida que el armario se fue vaciando, vestirse le resultaba cada vez más fácil y menos estresante, y al final estaba encantada con que todas las cosas que había allí le quedaban bien, independientemente del número que figurara en la etiqueta.

Aunque me encanta este proceso de ayudar a la gente a descubrir los tesoros que tiene en su armario, una vez concluido el trabajo duro —conectar con esa parte de tu alma donde habita el estilo y comprender que el espejo no es tu peor enemigo—, podemos emprender la etapa más divertida: ponerte manos a la obra para crear tu propio *Lookbook*, lleno de nuevas combinaciones que sean realmente tuyas y que te devuelvan el entusiasmo por tu ropa... y por tu vida.

Las nueve prendas universales

Aunque parezca contradictorio, lo cierto es que con los nueve básicos universales también puedes sentirte auténtica y profundamente tú misma. A continuación te voy a presentar nueve prendas superversátiles que se ganarán un hueco en tu armario en cuanto descubras cómo pueden incrementar tu capacidad de expresión. Utilizar prendas sencillas y clásicas como base te proporciona un lienzo en blanco sobre el que plasmar tu ingenio. La forma de ponerte cada una de ellas —por capas, personalizándolas o transformándolas con tus accesorios favoritos— revela tu singularidad y te hace sentir bien de forma genuina. Nunca debes sacrificar la autenticidad por el estilo, así que es esencial que tengas paciencia y confíes en tu mirada y tu intuición para encontrar

tus propias versiones de estos clásicos, haciendo las variaciones que necesites para sentirte realmente bien.

En muchas ocasiones me he puesto algo que apuntaba a quién quería ser, pero que no reflejaba quién soy en realidad. Incluso aunque me quedara bien, yo no me sentía bien, porque no me sentía auténtica.

Estas prendas universales lo son por una razón: son básicos que están en el fondo de armario de todo el mundo. Al igual que los básicos que hay en la despensa, debes tenerlos a mano porque te van a permitir configurar *looks* en los que desplegar tu estilo personal. Si cuentas con estas nueve prendas, siempre tendrás algo que ponerte para el trabajo, el fin de semana o una cena de amigos. No creo que exista un armario cápsula que le sirva a todo el mundo ni que haya prendas imprescindibles que deban formar parte del vestuario de cada persona, pero sí creo que las siluetas que vamos a ver ahora son los elementos básicos de un armario funcional y versátil.

Tus tres palabras te guiarán a la hora de elegir las prendas más adecuadas a tu estilo, aunque puede que tengas que experimentar durante un tiempo hasta encontrar tu versión de cada una. Por ejemplo, yo siempre había pensado que necesitaba una camisa blanca, porque encabeza todas las listas de armarios cápsula. Aunque me parecía una prenda demasiado sobria, al final cedí y me compré una, pero la verdad es que no me quedaba bien cuando me ponía algo más grande encima. Y ahí se quedó durante bastante tiempo, colgada en el armario con las etiquetas puestas. Cada vez que mis ojos se posaban en ella, me sentía molesta y derrotada. Si se suponía que una camisa blanca era tan universal, ¿por qué a mí no me quedaba bien? Tardé algún tiempo en darme cuenta de que tal vez era demasiado rígida para mí. Quería algo más suave, más fluido. Entonces me probé una camisa blanca de lino y me entusiasmó. Ahora sí que funcionaba. Así que, por favor, ten paciencia y haz todos los ajustes que sean necesarios hasta que encuentres tu propia variante.

Aunque es importante elegir la versión de la prenda que mejor se adecúe a ti, la otra clave para personalizar estos clásicos es la forma de combinarlos. Por poner otro ejemplo: como tantas otras mujeres, tengo una camisa de rayas azules y blancas, pero he aprendido a ponérmela a mi modo. Yo la llevo remetida por la cintura de unos Levi's, con americana y joyas doradas, mientras que Sofia Coppola se la pone con pantalones y bailarinas. La de Phoebe Philo es extragrande y la lleva por fuera, y tal vez Kim Kardashian se la dejaría abierta sobre un elegante mono ajustado. La misma camisa de rayas nos vale a todas, pero es la forma en que cada una la hace suya donde entran en juego nuestras tres palabras, y donde se plasma el estilo.

Prenda por prenda: Renueva tu vestuario de forma estratégica

Aquí tienes las prendas que no pueden faltar en tu armario, los básicos que puedes hacer tuyos a medida que te familiarices con tu estilo. Además, te propongo nueve ideas para combinar cada una de ellas, y ejemplos de cómo integrarlas en el marco de algunas tríadas de palabras. Estas prendas y tú os haréis amigas de por vida.

1. La camiseta blanca

Representa la sencillez absoluta y es un fantástico ecualizador. Una camiseta blanca puede armonizar con cualquiera de tus tres palabras. Es la base ideal, ya que añade un aire informal a cualquier *look*. Utilízala como antídoto siempre que un *look* te parezca demasiado elegante. No a todos los tipos de cuerpo les queda bien el mismo talle de camiseta. Es posible que tengas que probarte varias antes de encontrar tu alma gemela. Tómatelo como una expedición. A algunas personas les gusta el estilo *vintage*, que es un poco más transparente, mientras que otras quieren algo clásico y deportivo, de un algodón más fuerte. Si prefieres que te quede más pegada al cuerpo, sustitúyela por un *body* de manga corta. Y si el blanco no va bien con tu tono de piel, prueba con el marfil o el crema, o incluso con el gris o el negro: puede que sea esa tu versión para este básico.

1. Para crear un look limpio y sencillo, basta con una camiseta blanca y varios collares.

2. Si te la pones debajo de un jersey de cuello redondo, tu look ganará un poco de profundidad y dimensión con este simple detalle.

3. La camiseta blanca le da un punto informal a una falda o a unos lujosos pantalones de seda. Al combinar el algodón con la fluidez de la seda se crea ese contraste relajado que a veces necesitan las prendas más elegantes.

4. CLÁSICO, DEPORTIVO, REBELDE: ponte la camiseta blanca con pantalones de cuero, deportivas y una cazadora vaquera extragrande.

5. *BOHO*, DESLUMBRANTE, DIVERTIDO: combínala con una falda plisada de colores, sandalias planas y un bolso cruzado. Enrolla las mangas para darle un poco de gracia, y remétela por delante.

6. MODERNO, *OVERSIZE*, *SEXY*: elige una camiseta entallada y ponte una americana extragrande y unos pantalones elegantes también entallados.

7. LAUREN HUTTON se ponía su camiseta blanca ajustada con pantalones, cinturón masculino de cuero negro y mocasines.

8. ZOË KRAVITZ llevaría una camiseta blanca extragrande y gruesa con unos pantalones anchos, pero elevaría el *look* con unos mocasines y unos enormes aros dorados.

9. KATE MOSS combinaría una camiseta fina *vintage* con unos vaqueros pitillo negros, botas y una chaqueta militar vintage.

2. La camisa

Ya sea la clásica blanca, la de rayas azules y blancas o la vaquera, esta prenda es un básico que no puede faltar en ningún armario, incluido el tuyo. Me encanta la elegancia icónica y la versatilidad subversiva que posee. Es la prenda definitiva para vestir a capas.

ELIGE TU CAMISA

Busca algo atemporal y clásico, si te sientes identificada con eso. En cambio, si la camisa tradicional te parece demasiado sosa, prueba con una de cuello babero, con las que tienen volantes en las mangas o incluso con una anudada al cuello. Si el algodón no es lo tuyo, opta por la seda o el satén. Como a mí me encanta el estilo setentero, para mí la camisa básica es la vaquera tipo *country* y de aire *vintage*. Elijas lo que elijas, llevarla remangada es crucial. A la camisa hay que darle cierta chispa para que no parezca cuadrada e impersonal. Enrollar las mangas o simplemente remangarlas un poco marca la diferencia.

1 Desabróchala ligeramente, mostrando algunos collares en capas. O llévala aún más abierta, insinuando un poco de lencería fina.

2 Póntela abierta encima de una camiseta de manga corta, de una camiseta de tirantes ajustada o de un *body*, para taparte un poco y darle un toque masculino a tu *look*.

3   Mete siempre una en la maleta cuando te vayas de vacaciones para que te sirva de camisa, de chaqueta o incluso de camisola para la playa.

4   OCHENTERO, DEPORTIVO, *CASUAL*: prueba con una camisa extragrande de algodón y pantalones de tiro alto. Remétela por dentro para conseguir un aire retro ideal. Yo le añadiría unas zapatillas y un bolso cruzado. O puedes ponértela con mallas cortas de ciclista, calcetines blancos y zapatillas para ir un poco más deportiva.

5   EXTRAVAGANTE, ARTÍSTICO, COLORIDO: elige una camisa lisa de algodón de un color intenso como el naranja o el verde. Combínala con pantalones estampados y llévala por fuera para crear una proporción original.

6   *CASUAL*, EXTRAGRANDE, ÉTNICO: prueba con una camisa de lino extragrande abierta sobre una camiseta de tirantes de canalé. La mezcla de texturas le da un punto y, a la vez, resulta muy cómoda e informal.

7   HARRY STYLES se pondría una camisa de seda estampada con unos pantalones campana.

8   KATE MIDDLETON llevaría una camisa clásica de rayas azules y blancas debajo de un jersey azul marino con vaqueros ajustados y bailarinas. Colegiala, informal y elegante.

9   SADE se pondría pantalones y camisa vaqueros, aros dorados y labios rojos.

Cuida tu ropa

Muchas de las prendas universales son una inversión, no porque tengan que ser caras, sino porque son el tipo de prendas que te pueden durar muchísimo tiempo si las cuidas bien.

Lava en seco las americanas, plánchalas con vapor y quítales las pelusas. Yo no llevo las mías a la tintorería muy a menudo, pero las aseo con mimo cuando lo necesitan.

No hace falta lavar la tela vaquera después de cada uso. Como norma general, lava los vaqueros en frío y luego cuélgalos para que se sequen. Mete los vaqueros en la secadora solo si quieres que encojan un poco.

Compra una piedra pómez o un quitapelusas para conservar tus jerséis. Estos utensilios te ayudan a eliminar las pelusas y dejan tus prendas de punto como nuevas.

Vale la pena usar moldeadores de botas para evitar que tus botas más altas se estropeen en tu armario. Yo acabo de empezar a hacerlo y supone una gran diferencia.

Lleva los zapatos al zapatero antes de estrenarlos para que les añadan suelas de goma si vas a caminar mucho con ellos.

La ropa y los zapatos están hechos para usarlos y quererlos, pero si los tratas bien, los valorarás más y te harán sentir mejor al ponértelos.

3. El jersey negro de cuello vuelto

Se da por sentado que un jersey negro de cuello vuelto no puede ser estiloso, pero es una prenda básica que se puede convertir en lo que tú quieras: todo depende de cómo te lo pongas. Mira las fotos de cualquier icono de la moda vestido con un elegante jersey negro de cuello alto: Marilyn Monroe, Steve Jobs y Janet Jackson. Sean de la época que sean, todas las imágenes siguen pareciendo modernas y actuales. Pregúntate cómo vas a ponértelo: ¿solo o superpuesto? Si le vas a añadir alguna capa, opta por un jersey de cuello vuelto fino y cómodo. En mi caso, me decanto por un *body* negro de algodón y de cuello alto para ponérmelo debajo de otras prendas. Puede parecer contradictorio, pero cuando tienes mucho pecho, un *body* o un cuello alto más ajustado resulta más favorecedor. Las clientas con mucho pecho suelen pensar que tienen que ponerse algo holgado, pero en realidad eso hace que tu pecho parezca más grande aún, porque la camiseta se pega solo al pecho y luego queda suelta. Y lo que hace falta es algo que se ajuste a tus curvas. Y, por cierto, es un error pensar que no se pueden llevar collares por fuera del cuello alto: no solo puedes, es que debes hacerlo.

1   Póntelo con cualquier tipo de prendas: pantalones vaqueros, de seda, estampados, faldas o pantalones cortos.

2   Para ir un poco más arreglada, ponte el cuello vuelto negro debajo de americanas, camisas o jerséis, asomando por la parte superior.

3   Imagínatelo debajo de un vestido de manga larga y con botas altas: sería un *look* de entretiempo de lo más chic.

4   **ELEGANTE, RETRO, MODERNO:** prueba con el cuello vuelto debajo de una chaqueta sin cuello. Para dar un aire más informal, ponte unos vaqueros de corte recto y entallado para no perder la silueta elegante. Incluso puedes añadir unas bailarinas y unas gafas de sol de ojo de gato.

5   **LIMPIO, CLÁSICO, *CASUAL*:** puedes ponerte unos pantalones anchos con tu jersey negro de cuello vuelto y una camisa blanca encima. Añade también unas deportivas blancas para ir completamente combinada.

6   **PRÁCTICO, EN CAPAS, ELEGANTE:** ponte el cuello alto debajo de un jersey de punto grueso, una opción cálida y con textura e intriga a la vez.

7   **DIANE KEATON** se pondría un fino jersey negro de cuello alto con unos vaqueros de pata ancha, sombrero y gafas de sol. Incluso podría añadir un cinturón original y una camisa o americana por encima.

8   **AUDREY HEPBURN** llevaría su jersey negro de cuello alto con pantalones chinos y bailarinas.

9   **NAOMI CAMPBELL** combinaría el jersey negro de cuello alto con un abrigo de leopardo y unas botas divinas.

4. Tu jersey incondicional

Un jersey cómodo y suave trasciende la idea misma de ropa para convertirse en mucho más. Un jersey precioso que puedas ponerte con cualquier cosa es como una mantita gustosa. Es donde te acurrucas después de un largo día de trabajo. Es la comodidad que te llevas contigo cuando viajas, tanto si lo llevas puesto en el avión como si te lo pones para relajarte en una habitación de hotel lejos de casa. Todo el mundo necesita un jersey de apoyo emocional. Yo tengo unos cuantos que amo ponerme pase lo que pase. Los uso encima de la ropa de entrenamiento o para las videollamadas. Solo te pido que este jersey te haga sentir cómoda y segura, pero también arreglada. Si te gustan los jerséis de cuello redondo, que sea de cuello redondo. Si quieres otro jersey de cuello alto, ¡hazte con uno! ¿Quieres uno de cuello de pico? No voy a poner restricciones en cuanto a color, escote, confección o ajuste. Personalmente me gusta la cachemira porque es muy suave y fácil de llevar. Si vas a comprarte uno nuevo, elige un color que combine con el resto de tu vestuario: ya sea más llamativo o algo sencillo y neutro, asegúrate de que el color realce lo que ya tienes.

1 Póntelo con unos pantalones elegantes para suavizar un *look* entallado. Te puedes remeter el jersey por dentro de la cintura. A mí me encanta hacerlo, y así es como me pongo el mío con mi americana favorita y unos vaqueros. Si quieres definir la cintura, esconderte bajo un jersey puede parecer poco atractivo, pero en realidad remeterlo un poco por delante le da cierto estilo y atrae las miradas hacia ese punto.

2　A mí me gusta ponerme un jersey a modo de cinturón: me lo ato a la cintura cuando llevo un vestido que necesita un poco de definición en la línea media. También te lo puedes poner encima de una americana o de una gabardina anudado al cuello como si fuera un pañuelo, para añadir una textura suave al conjunto.

3　Combina tu jersey con unos *leggings* y un abrigo para conseguir un *look* cómodo y desenfadado.

4　**ROMÁNTICO, BOHEMIO, LUJOSO:** combina un jersey de cuello alto cuadrado con una falda larga y botas altas de piel.

5　**ECLÉCTICO, *PREPPY*, ALEGRE:** prueba un jersey clásico de punto con una falda larga de estampado animal y unas bailarinas.

6　**CLÁSICO, *WESTERN*, SASTRE:** ponte debajo del jersey una camisa vaquera, súbete las mangas y deja que el cuello asome por arriba.

7　**CAROLYN BESSETTE-KENNEDY** llevaría su jersey con una falda lencera de seda y zapatos planos. Si te gusta este estilo pero lo quieres suavizar un poco, anúdate el jersey sobre los hombros por encima de un vestido *sexy* de tirantes.

8　Para un *look* a lo **ALEXA CHUNG**, ponte tu jersey encima de una blusa de cuello redondo con volantes y combínalo con zuecos y minifalda.

9　**TRACEE ELLIS ROSS** optaría por un tejido suave de punto en un color chillón y lo combinaría con unos pantalones coloridos.

5. La americana

Soy una fan incondicional de las americanas. Es una prenda que aporta estructura a tu *look*, perfilando los ángulos y dándote un toque un poco duro, sea cual sea tu estilo. Con ella, cualquier conjunto parece más arreglado. Por eso, encontrar la americana adecuada para cada persona es mi misión. Algunas de mis clientas son reacias a ponérselas porque están hartas de las que llevaban al trabajo o porque les parecen demasiado «de vestir». Lo entiendo. Pero para quitarte esa idea de la cabeza existen miles de estilos de americana que no te hacen sentir como si estuvieras en un despacho. Prueba una con nuevas texturas o estampados: pata de gallo, cuadros o raya diplomática. Y puedes escoger además una segunda opción más sencilla en un color liso. Si el negro lo ves demasiado serio, prueba con el azul marino, el marrón o el camel, algo que se pueda llevar con cualquier cosa pero que no resulte tan sobrio. Si optas por el negro —el clásico de todos los tiempos—, juega un poco con la forma. Prueba con algo más largo o con los hombros más marcados, solo por darle un toque moderno.

Es posible que además tengas que llevarla a arreglar a una sastrería. Hay americanas de segunda mano ideales, pero a veces requieren algunos retoques. Por ejemplo, si eres menuda y encuentras una que te gusta pero te queda grande, puedes pedir que te la adapten. Para que la chaqueta no parezca más grande que tú, pide que

te corten las mangas a la altura de las muñecas o ligeramente por encima. Esta sencilla modificación marca la diferencia y evita que la chaqueta parezca desaliñada. Otra cosa que también proporciona más equilibrio es enrollar o subir las mangas de forma que se vea un poco de piel.

1   Déjatela abierta sobre un *body* o una prenda entallada para marcar la cintura o si tienes mucho pecho: así la atención se dirige hacia la línea media. Incluso con una americana más relajada, este *look* equilibrado resulta limpio y favorecedor.

2   Yo considero la americana un abrigo de interior, algo que puedes ponerte en invierno en la oficina o en sitios cerrados, y dejártela puesta debajo de un abrigo grande o de una gabardina cuando sales a la calle. De este modo, puedes sentirte arreglada y con estilo en interiores, pero también abrigada y a gusto.

3   No temas arrugar la americana. Remángatela y dale un poco de forma para hacerla tuya. Al tener una estructura tan definida, hay gente que se siente constreñida en ella, pero tienes que conseguir que tus prendas se amolden a ti para que te queden bien.

4   CLÁSICO, *PREPPY*, SASTRE: una americana de cuadros sobre un jersey de cuello vuelto y con una gabardina queda divina si asoma un poco por delante. Combinar un montón de prendas clásicas por capas es de todo menos básico.

5   DEPORTIVO, MINIMALISTA, *POP*: prueba una americana negra con unas mallas de ciclista o unos *leggings* negros. Añade una camiseta blanca y calcetines blancos con zapatos para conseguir un bonito contraste entre blanco y negro. Si llevas *leggings*, ponte

unos calcetines largos que sobresalgan un poco por encima para ganar un poco de textura.

6   **LUJOSO, IBICENCO, DESENFADADO:** ponte una americana encima de tu vestido favorito para darle un poco de estructura a un *look* fluido. Si le añades alguna joya, irás perfecta para una boda, un evento o simplemente para salir por la noche.

7   **RIHANNA** se pondría una americana extragrande de cuero con pantalones también de cuero y una maraña de joyas preciosas. Incluso podría ponérsela directamente encima del sujetador y estaría *supersexy*.

8   **BILLY PORTER** elegiría una americana de un color intenso y le añadiría un broche divertido para darle un toque gracioso y deslumbrante.

9   **A JIMI HENDRIX** le iría genial una americana de terciopelo con unos pantalones estampados y un pañuelo de seda al cuello.

6. La gabardina

No hay nada más sofisticado y consistente que una gabardina. Es una prenda que a veces se pone de moda y otras veces pasa más desapercibida, pero nunca es un mal momento para ponerse una. De hecho, puede aportar un equilibrio perfecto a cualquier *look* al rebajar los tintes demasiado modernos, salvajes o coloridos con una fuerte inyección de minimalismo chic. Si te parece un poco sofocante o tradicional, precisamente eso forma parte de su atractivo: la gabardina sirve como punto de referencia sólido y estructurado. Además, es importante que sea de corte clásico. Te aconsejo que elijas una que no tenga demasiados toques originales y que no parezca demasiado preciosista o recargada, para que nunca pase de moda. Y recuerda: que sea de algodón y fácil de lavar.

Si no te va el clásico color caqui, puedes probar con el verde, el azul marino o el negro, pero manteniendo siempre la forma clásica. En el caso de que la forma clásica te parezca demasiado rígida, opta por una versión ligeramente más fluida o drapeada, pero entonces, para compensar, sí debe tener el clásico color caqui. Si todo el conjunto te parece demasiado clásico, prueba con una de cuero. Esta opción mantiene la forma tradicional, pero añade un toque atrevido. Sé que algunas mujeres bajitas creen que la gabardina no es para ellas, pero la clave está en el largo. Si no eres muy alta, opta por una que llegue a media pierna, para darte más sensación de longitud sin sentirte ahogada. Para las más altas, elegir una que llegue justo por encima del tobillo les dará un aire fresco y sobredimensionado, conservando la perfección clásica de la gabardina.

1   Hay muchas formas de ponerse el cinturón y de abrocharse la gabardina: usa tu imaginación. Si te gusta lucir cintura, descubrirás que atártela resulta de lo más favorecedor. Y también puedes cambiar el cinturón que viene a juego por otro que tengas, para darle un toque diferente.

2   La gabardina es una prenda magnífica para el mundo empresarial o para los viajes de negocios. Póntela sobre una americana o un traje: esta forma de unir varias prendas clásicas resulta muy interesante y aporta un poco de fluidez para equilibrar los diferentes talles.

3   También queda genial encima de una chaqueta vaquera.

4   JUVENIL, SENCILLO, *SEXY*: déjate la gabardina abierta encima de un precioso vestido floral o incluso con pantalones cortos. Te quedará ideal encima de algo más *sexy*, para contrarrestar tu *look* con un aire tradicional.

5   SETENTERO, DESENFADADO, ARREGLADO: ponte una blusa de seda anudada al cuello y vaqueros de campana con una gabardina clásica de doble botonadura. Déjatela desabrochada y ata el cinturón por la espalda sin apretar. Así crearás un *look* agradable y desenfadado.

6   *HEAVY,* **ESTRUCTURADO, ATREVIDO:** prueba con una de cuero o con hombreras para acentuar aún más su estructura. Incluso puedes ponerte el cinturón muy ceñido para exagerar la proporción y resaltar los hombros angulosos.

7   **ANDRÉ LEON TALLEY** se la pondría encima de un traje de tres piezas con guantes y gafas de sol. Él convertiría esta prenda clásica y sencilla en una increíble, misteriosa y especial.

8   **MINDY KALING** le daría a la gabardina tradicional un aspecto extravagante y divertido combinándola con una falda plisada estampada y un jersey a juego.

9   **JACKIE KENNEDY** se pondría la suya con un jersey de cuello vuelto y unos pantalones lisos y entallados. Añadiría unas gafas de sol de marca y un pañuelo de seda.

7. Los vaqueros

Encontrar tu par de vaqueros ideal es como salir con alguien. Te puede llevar un tiempo dar con el tuyo, pero cuando lo encuentres, el resto te sobra. Un buen par de vaqueros te hace sentir increíble, como la mejor versión de ti misma. Sé que puede ser desalentador probarse un millón de pares que no funcionan, pero prepárate para esa posibilidad y comprométete a seguir buscando hasta encontrar el adecuado. Mi consejo a la hora de probarse vaqueros es que más es más: pruébate tantos como puedas. Y sean cuales sean tus tres palabras, es esencial tener unos pantalones vaqueros que adores.

1   Hay muy pocas ocasiones en las que unos vaqueros resultan inapropiados: solo las más formales. Hoy en día, incluso los diseñadores los sacan en sus colecciones de pasarela. Pero cómo te los pongas marca la diferencia. Los mismos Levi's *vintage* sirven para pasear por el parque si los llevas con camiseta y deportivas, o para una reunión de trabajo si te los pones con una blusa de seda y unos elegantes zapatos de tacón de talón abierto.

2   Tienen la asombrosa virtud de amplificar la informalidad de cualquier *look*. Si vas con una chaqueta de lentejuelas y unos tacones, el vaquero te trae de vuelta a la Tierra.

3   Para ir a trabajar, puedes añadirles complementos para ir más arreglada. A mí me encanta cómo quedan con una americana, y siempre añado además un cinturón para dar el toque final.

4   **COUNTRY, CLÁSICO, PREPPY**: ¡Prueba el vaquero sobre vaquero! Combina los vaqueros con una camisa de cambray suave y mocasines. Si ir tan combinada te parece demasiado intenso, añade una camiseta blanca debajo de la camisa vaquera y desabróchatela un poco o déjala del todo abierta: eso romperá la continuidad y suavizará un poco el *look*. A mí me gusta que los vaqueros sean de tonos similares, pero si te parece demasiado monótono, prueba con pantalones oscuros y camisa más clara.

5   **ABURGUESADO, SASTRE, ACADÉMICO**: ponte unos vaqueros de pierna recta con una camisa blanca debajo de un jersey negro de cachemira. Mete la camisa por dentro de modo que solo salga el cuello para darle un aspecto más arreglado. Añade al conjunto una americana de pata de gallo y botines de tacón de gatito para darle un toque elegante.

6   **VANGUARDISTA, GLAMUROSO, DEPORTIVO**: ponte unos vaqueros de tiro alto con un *body* de cuello vuelto y cazadora de cuero. Remátalo con unos aros dorados y unas botas de suela gruesa.

7   **SOFIA COPPOLA** se pondría unos vaqueros rectos de talle alto con jersey a rayas y bailarinas.

8   **PENNY LANE** luciría unos vaqueros de campana con una blusa bordada, chaqueta desaliñada y plataformas.

9   **FRAN LEBOWITZ** elegiría unos Levi's *vintage* con camisa blanca, americana y botas.

¿Qué vaqueros me compro?

¿Qué tiro deben tener? ¿Mejor estrechos o acampanados? Para elegir tus vaqueros ideales, opta por unos que te sienten bien. Por ejemplo, mientras escribo este libro no se llevan los pitillos. Eso no significa que no puedas llevarlos si te gustan, pero podrías aprovechar la oportunidad para probarte unos con pernera estrecha pero que no se ajuste al tobillo. Quién sabe, quizá descubras que te encantan los de campana. Quiero que todo el mundo lleve lo que le apasiona y lo que le hace sentirse genial, pero también me encanta que la gente se divierta y no tenga miedo a innovar. Cuando vamos poco a poco es más fácil experimentar. Tómatelo con calma, concédete un momento. Si te siguen gustando los pantalones pitillo, genial, póntelos. Todo vuelve.

Cuando vayas a comprarte unos vaqueros, convierte un rincón de tu casa en tu probador personal. Hazte con varias tallas y estilos diferentes y organiza una fiesta vaquera. Pruébatelos con todo tipo de tops, chaquetas y zapatos diferentes para tener claro cuáles encajan con tu vestuario. Recuerda: es un fastidio tener que ir a devolver ropa, y ahí puedes perder el entusiasmo. Lo mejor es probarte de una sola vez todas las tallas que te interesan para poder devolver junto todo lo que no te queda bien en lugar de perder tiempo yendo y viniendo.

SEGÚN PARA QUÉ TE LOS PONGAS.
Deberías tener unos vaqueros cómodos de verdad. Porque, sinceramente, los que mejor te sientan son un poco incómodos: te están algo ajustados. Te quedan genial, aunque no son como para ir de acá para allá. Determina cuándo y dónde quieres ejercer tu derecho a llevar algo un poco más ajustado, rígido y *sexy*. Pero no es un *look* para todos los días.

EL TALLAJE ES IMPREDECIBLE.
A veces crees que algo te queda bien, pero no pierdes nada por probarte una talla más y una menos para comparar y contrastar. Para tu *outfit* cotidiano no te convienen unos vaqueros involuntariamente incómodos, ya sea porque te están demasiado ajustados o demasiado holgados.

POR ALGUNA RAZÓN, ASUMIMOS QUE LOS VAQUEROS DEBEN QUEDARNOS BIEN TAL Y COMO LOS COMPRAMOS. Pero muchas veces necesitan un dobladillo o un arreglo a medida. Como regla general, si tienes la cintura estrecha y las caderas anchas, elige una talla más y pide a un sastre que te ajuste ligeramente la cintura.

BUSCANDO EN TU ARMARIO, CONSIDERA QUÉ PARTES DE ARRIBA SUELES PONERTE MÁS A MENUDO. Si te inclinas por tops cuadrados, extragrandes o vaporosos, prueba con vaqueros estrechos o de pierna recta, o incluso con unos ajustados por el muslo pero un poco acampanados.

SI PARA LA PARTE SUPERIOR PREFIERES PRENDAS AJUSTADAS O CORTAS, ¿por qué no pruebas con unos vaqueros caídos o de pierna ancha para equilibrar las cosas?

CONSIDERA TAMBIÉN EL LARGO.
Si no eres muy alta, mejor que no lleves pantalones tobilleros. En general, lo ideal es que los vaqueros lleguen hasta la parte más ancha del tobillo. El ojo va donde termina la pernera. Si sitúas esa línea por encima del tobillo, tu pierna parecerá más corta. Si haces que el ojo siga bajando, se alargará la línea que dibuja la mirada. Independientemente de tu altura, unos vaqueros de talle alto y acampanados hasta el suelo harán que tus piernas parezcan kilométricas.

SI ERES MÁS BIEN DE TORSO CORTO Y PIERNAS LARGAS, prueba con un tiro medio o incluso bajo para equilibrar tu silueta.

8. Los pantalones

Los pantalones son elegantes y cómodos al mismo tiempo. Como ocurre con la gabardina, en algunas épocas se ponen más de moda que en otras, pero siempre transmiten cierta actitud adulta a tu estilo. Pueden ser válidos incluso si una de tus tres palabras es *divertida* o *bohemia*, sobre todo en esas ocasiones en las que necesitas introducir un poco de seriedad. Al fin y al cabo, cuanto más sobrio y discreto sea el estilo de los pantalones, más espacio para la diversión y el descaro tendrán las prendas que los acompañen. Puede que no te los pongas todos los días, pero aportarán mucho a tu vestuario.

Plantéatelo como una inversión. Es recomendable comprar unos de un tejido que no requiera limpieza en seco después de cada uso, o conseguir unos magníficos *vintage* de segunda mano, y gastarte algo más en arreglarlos a tu medida. Para elegir los pantalones adecuados, yo me baso en mis preferencias con los vaqueros. Por ejemplo, si te gustan los vaqueros estrechos, prueba para empezar con unos de corte estrecho. Asegúrate de que los que te gustan combinan bien con lo que ya tienes en tu armario, y así podrás llevar tus prendas favoritas de una forma totalmente nueva.

1   Los pantalones son una prenda perfecta a la que recurrir cuando no sabes qué ponerte. Combínalos con un jersey negro de cuello alto y unos preciosos accesorios para crear un *look* superelegante que podrás llevar literalmente a cualquier parte.

2   Los clásicos pantalones de pinzas y de pata ancha quedan genial con camiseta y zapatillas o con camiseta con mangas y sandalias de suela gruesa.

3   Para ir a trabajar te los puedes poner con una camisa o una blusa de seda, o añadirles una americana para inventarte un traje de chaqueta.

4   **PLAYERO, SENCILLO, ORIGINAL:** elige un pantalón de pinzas de lino y de talle bajo para dar una sensación de ligereza y comodidad. Póntelo con unas sandalias Birkenstock, camiseta ajustada de canalé y joyas con abalorios.

5   **MONOCROMÁTICO, VAPOROSO, DESGARBADO:** prueba a mezclar los pantalones en tono camel con un jersey de cachemira en marrón claro. Te quedarán fantásticos si te los pones con unas sandalias planas de ante y un bolso desgarbado de media luna.

6   **REBELDE, GÓTICO, *WESTERN*:** si los prefieres en negro, opta por unos finos y de cintura alta con una blusa de gasa de seda transparente y un cinturón de ante. (Piensa en un aire a Saint Laurent de la época de Hedi Slimane.)

7   **KATHARINE HEPBURN** se pondría unos de talle alto y pernera ancha con una camisa para crear un *look* más masculino.

8   **PHOEBE PHILO** optaría por unos anchos y ligeros en azul marino con un jersey gris de cuello redondo, unas deportivas blancas relucientes y una coleta baja, todo acorde con su *look* minimalista y aseado.

9   **BIANCA JAGGER** elegiría unos pantalones blancos acampanados con un chaleco ajustado y plataformas.

El remetido francés

Un «remetido delantero» o *French tuck*, como lo llama Tan France, les va bien a casi todas las prendas. Se trata simplemente de meter un poco el dobladillo delantero de tu camisa o camiseta por la cinturilla de tus pantalones. La gracia está en meter solo la parte que queda entre las dos primeras trabillas del cinturón, en el caso de los vaqueros. En las prendas sin trabillas, calcula el centro de la cinturilla de la falda o del pantalón. Eso te da un aire poco estudiado, algo descuidado. Y no te pongas demasiado puntillosa con esto, confía en ti misma y en lo que tú creas que queda bien.

A tu medida

No todo el mundo conoce las múltiples posibilidades que ofrece la sastrería, pero llevar tu ropa a arreglar para que te la hagan a medida puede darle un gran toque a tu estilo. He aquí algunas ideas para innovar y conseguir un ajuste perfecto trabajando con profesionales.

Para que te arreglen el bajo de los pantalones, lleva varios pares de zapatos de distintas alturas, y así te tomarán las medidas de forma que te los puedas poner tanto con tacones como con zapatos planos. De esta forma podrás elegir un largo de pierna que sea intermedio. Con zapatos planos o sandalias, el bajo del pantalón apenas debe rozar el suelo. También queda bonito que te hagan una ligera abertura por abajo cerca del tobillo, para crear un aspecto más relajado. Para llevarlos con un tacón más alto, los pantalones tienen que ser ligeramente más cortos pero cubrir completamente el tobillo y tocar justo la parte superior del pie, a ser posible.

Cambia los botones de las chaquetas y abrigos. Es una maravillosa forma de renovar las prendas *vintage* o de segunda mano para que parezcan más actuales.

Si una chaqueta o americana te queda demasiado grande o cuadrada, pide que te adapten las mangas a las muñecas. Esto les dará un aspecto más personal y menos descuidado.

Si te encantan las camisas y te parece que un botón te abrocha demasiado arriba pero el siguiente te queda demasiado bajo y no quieres que se te vea el sujetador, añade un corchete entre ambos botones para crear un *look* un poco desenfadado pero sin pasarte.

9. El cinturón

La guinda del pastel, el lazo que corona un regalo. Un cinturón es el broche de oro que transforma casi cualquier *look* en algo mucho más elegante, y con el mínimo esfuerzo. Es capaz de darle una pincelada de estilo a la combinación más básica, y es donde confluyen todas las prendas para convertirse en un todo. Muchas de mis clientas no llevan nunca cinturón porque creen que atraerá miradas indiscretas hacia su cintura o su trasero. ¡Falso! El cinturón favorece mucho la silueta. Sé que puede parecer contradictorio remeterse un poco por dentro el *top* y llamar la atención sobre una zona que quizá no sea tu favorita. Pero si te dejas la camiseta por fuera con unos vaqueros sin cinturón, la parte inferior de la camiseta corta visualmente tu cuerpo y lo divide en dos. Por el contrario, si te la remetes un poco por la cintura y además le añades un cinturón, se crea una línea más fluida e intencionada que rompe con esa rigidez para crear una sensación de equilibrio. El mero hecho de ponértelo te hará sentir más estilizada. Es un detalle extra que lleva casi cualquier *look* al siguiente nivel. Te sorprenderá cómo algo tan pequeño puede tener un impacto tan grande.

1   Es una buena forma de darle un toque de color a tu *look*, pero eso no significa que tenga que ser colorido. Puedes añadirle un cinturón negro a un conjunto totalmente blanco para lograr un contraste interesante, o ponerte uno marrón o tostado con un *look* totalmente negro si lo que quieres es un equilibrio neutro. Incluso con un *look* completamente negro puedes añadir un cinturón negro con adornos o que tenga una textura diferente.

2   También te servirá de guía para el remetido delantero. Basta con que remetas la blusa o el jersey justo detrás de la hebilla, como para mostrarla. Esto le da una intención al recogido y queda muy pulcro y cómodo. Por ejemplo, puedes meter una camisa de seda por detrás del cinturón para evitar un efecto abultado. Además, rompe las líneas rectas y dibuja tu cintura.

3   Me encanta ponerme un cinturón sobre un abrigo, chaqueta o vestido para definir la cintura. Si tienes una chaqueta extragrande pero en general te gusta marcar más tu silueta, puedes ceñírtela con un cinturón para crear o simular una cintura. Es un complemento mágico capaz de cambiar la silueta de una prenda y darle una forma totalmente nueva. También puedes sustituir el cinturón que viene con el abrigo o vestido por uno de piel para darle otro aire a la prenda.

4   Un cinturón trenzado es muy versátil porque puedes insertar la púa en cualquier punto para adaptarlo a tu cintura o caderas.

5   Me gusta combinar uno grueso o más masculino con prendas más ligeras y de textura más suave.

6 Un cinturón con adornos más vistosos te da un aspecto más arreglado, como pasa con las joyas.

7 LADY DI se pondría vaqueros de tiro alto y camisa blanca con un cinturón de ante. Un *look* sencillo solo a base de prendas universales.

8 EMMANUELLE ALT se atrevería con unos pantalones estrechos de cuero y un cinturón con un poco de herraje. Para suavizar el conjunto, los combinaría con una camiseta, americana y zapatos de punta con tacón de gatito.

9 MICHELLE OBAMA suele abrocharse el cinturón por encima de la americana o del vestido para crear una hermosa silueta.

Mímate con los accesorios

Los accesorios nunca son accesorios: son elementos fundamentales para expresar tu estilo y te permiten infundir tu personalidad a cada *look*. Probablemente podría dedicar un libro entero solo a los accesorios, pero me conformaré con darte algunas premisas fundamentales en las que me baso para utilizarlos con cierto sentido.

LAS JOYAS Y LOS CINTURONES CAUSAN UN GRAN IMPACTO. El solo hecho de añadir algo a tu *look* ya está diciendo: «¡Mira lo que he hecho!».

PIENSA EN LA TEXTURA de los accesorios, en qué pueden aportar los diferentes adornos o tejidos.

LOS CALCETINES pueden añadir un gran toque de color y sorpresa a tu *look*.

LOS FULARES DEBEN SER CÓMODOS y nunca demasiado preciosistas. Si te agobian, empieza por llevarlos en situaciones poco arriesgadas.

LAS GAFAS DE SOL TIENEN MUCHA PERSONALIDAD. ¿Por qué no tener tres pares de gafas, una por cada palabra de tu tríada? Te ayudarán a equilibrar cualquier *look*.

LAS JOYAS FUNCIONAN COMO HILO CONDUCTOR y son un elemento que da coherencia y personalidad a tu *look* día tras día.

ME ENCANTA ELEGIR EL CALZADO «INCORRECTO», es decir, la elección menos obvia. Los zapatos realzan o destrozan un *look*, y si siempre eliges lo más evidente o lo más básico, tu *look* parecerá eso: básico. Por eso disfruto probándome zapatos que se salen un poco de lo habitual y ver cómo todo el *look* se transforma.

LO MISMO CON EL BOLSO. Puedes utilizar un bolso para generar tensión o equilibrio. Si tu *look* es de inspiración masculina, prueba a añadirle un bolso ultrafemenino de asa superior. Si llevas un *look* más estructurado, entonces elige un bolso más informal. Jugar con estos detalles inesperados da un resultado realmente original.

cuarta parte

Disfruta del ritual de vestirte

¿Cómo se crea un *look*?

capítulo diez

Tal vez las más escépticas duden de algunas de las prácticas cotidianas que he ofrecido hasta ahora, pero te aseguro que estos sencillos cambios tienen el poder de transformar de verdad tu día a día. Lo he visto una y otra vez con mis clientas, y también puede sucederte a ti. De momento hemos aplicado el Sistema AB para Renovar el Armario, diseccionando tus habituales, nuncas y cómos; hemos elegido tus tres palabras, y hemos incorporado a tu vestuario las nueve prendas universales. Ahora toca completar el proceso en el próximo capítulo experimentando con la técnica de las bases y las fórmulas para crear nuevos *looks* a partir de pequeñas variaciones.

Con esta técnica, vestirte no solo dejará de ser un estrés, sino que el tiempo que pasas ante tu armario se convertirá en una oportunidad para cuidarte y expandir tu creatividad. No es que tengas que ponerte algo nuevo cada día ni reinventar la rueda. Basta con que seas capaz de encontrar algo que te haga sentir segura, fuerte y tú misma. ¿Y por qué no aprovechar este impulso para avanzar en tu desarrollo personal?

La razón por la que me encanta planificar, catalogar y crear nuevos *looks* más allá de la diversión de dar rienda suelta a mi creatividad es que me hace la vida más fácil. Simplificar, elaborar estrategias y eliminar el cansancio de las decisiones te facilita enormemente las cosas. Empezaremos tomando como base tus prendas favoritas para que vayas practicando con tus imprescindibles, aunque poco a poco irás saliendo de tu zona de confort. Pero no olvides que, más allá de ser práctico, configurar tus propios *looks* puede ser divertido. Siéntete libre y no te juzgues. Date tiempo para experimentar, sin expectativas ni objetivos. Prueba con algo nuevo, y si no funciona, no pasa nada. Todo ello añade información que puedes utilizar. Prueba con las combinaciones más locas solo por ver qué tal. Y recuerda: sin estrés. Si te das cuenta de que siempre eliges lo mismo, tampoco pasa nada. Ser coherente y corroborar lo que ya sabes nunca es malo, te reafirma. Pero si quieres desafiarte a ti misma, usa algo que sueles ponerte, pero con una ligera modificación. No tienes que reinventarte totalmente. Hay pequeños cambios que te harán sentir tan entusiasmada y segura de ti misma que te permitirán ir más lejos. Aquí compartiré algunas formas de construir una base sólida que te sostenga pase lo que pase.

Define tus bases y encuentra tus fórmulas

Una base es la primera capa de ropa que te pones antes de infundirle tu estilo, el esqueleto del *look*. Puede ser vaqueros con camiseta; o solo un vestido; o pantalones con jersey. Ya he descrito mis bases favoritas en el apartado «Las nueve prendas universales» (página 118), pero puede que a ti te guste construir sobre otros cimientos, especialmente sobre tus habituales. Una vez que hayas identificado tus bases, podrás ver claramente cuántas variaciones es posible configurar a partir de cada una de ellas. Vamos a explorar tus bases para crear con ellas algunos conjuntos imprescindibles: tus fórmulas.

Es un concepto fácil entender si piensas en iconos de la moda como Diane Keaton o Stevie Nicks. Ambas tienen un *look* claramente definido. La fórmula característica de Diane Keaton incluye sistemáticamente diferentes pantalones de pierna ancha, un jersey ajustado de cuello vuelto y una sobrecamisa o americana, sin olvidar algún accesorio original, como un sombrero o un fular. Stevie Nicks suele recurrir a un cinturón para añadir un poco de estructura y forma a sus magníficos vestidos fluidos. Encontrar tus fórmulas consiste en ceñirte a lo que te gusta y mantenerte fiel a ello en la base del *look*. Y luego puedes divertirte añadiendo un toque expresivo a esas fórmulas día a día.

Veamos cómo Gabrielle encontró sus bases y fórmulas para configurar nuevos *looks*. Gabrielle vive en Washington D. C., tiene un puesto en el gobierno y viaja constantemente. Como eterna estudiante que es, se tomó nuestras sesiones muy en serio: necesita entender el porqué de todo.

Por las mañanas no tiene mucho tiempo para pensar en qué ponerse, como probablemente te ocurre a ti también. Antes de asesorarla, su enorme armario estaba lleno de un montón de cosas, la mayoría de las cuales no se ponía nunca. Emprendimos el proceso de renovación para centrarnos en aquello que le gustaba y la motivaba. Nos basamos en sus tres palabras —*funcional*, *exagerado* y *sastre*— para completar su vestuario con nuevos básicos (camisas y joyas para combinar con sus prendas más delicadas). Y luego vino la parte que más le gustó: crear nuevos *looks*.

Para identificar sus bases, le pedí que se pusiera su indumentaria de trabajo habitual, que solía consistir en camisas y pantalones estrechos de marcas caras pero de estilo desenfadado. Esta fue su primera base, el esqueleto de su *look* sobre el que partimos antes de añadir una chaqueta o darle un toque de estilo con joyas y accesorios. Una vez que tengas tu base, puedes crear una fórmula sumando prendas y jugando con distintas variaciones. Por ejemplo, la base de Gabrielle era camisa con pantalones, así que una de las fórmulas que creamos fue camisa + pantalones + americana + mocasines.

A continuación sustituimos la camisa por su blusa favorita de seda, para obtener una segunda base, y seguimos el mismo proceso haciendo fotos a las distintas combinaciones. Fuimos repasando todas sus prendas de trabajo favoritas, cambiando solo una cada vez. Como puedes imaginar, acabamos con un álbum increíblemente rico de múltiples variaciones sobre su *look* habitual. Descubrimos muchas cosas por el camino. Luego repetimos el proceso con sus *looks* de fin de semana, empezando por sus vaqueros favoritos con una camiseta de rayas marineras que usaba muy a menudo, creando a partir de ahí variaciones de esa fórmula con chaquetas, americanas y camisas.

Las fórmulas de Gabrielle eran: camisa + pantalón estrecho; blusa + pantalón estrecho; jersey + pantalón estrecho; jersey + pantalón ancho; blusa + vaqueros; camisa + vaqueros. Y fueron creciendo a medida que probamos cada una de ellas con distintas chaquetas, zapatos y diferentes combinaciones de accesorios. Algunos *looks* encajaban más con sus tres palabras que otros, pero de este modo Gabrielle podía recurrir a la carpeta de fotos que habíamos rellenado para decidir qué ponerse a la hora de planificar su semana o de hacer la maleta para un viaje de trabajo. Se sentía aliviada y liberada, con espacio en la cabeza para pensar en otras cosas.

Creamos algunas fórmulas nuevas infalibles para cuando Gabrielle tenía que viajar por trabajo, incluidos los *looks* para el avión. Ahora, cuando le asignan un nuevo viaje, puede centrarse en su

trabajo porque sabe exactamente lo que va a meter en la maleta y lo que se va a poner. Y si se encuentra con un colega en el aeropuerto, sabe que estará genial *y se sentirá* genial. Ese tipo de seguridad es impagable: te da una verdadera tranquilidad y es una hermosa manifestación del cuidado personal.

Cuando Gabrielle empezó a planificar sus *looks* y a invertir un poco de tiempo en su imagen, empezó a recibir muchos cumplidos. Aunque llevara una simple camisa y unos pantalones, era evidente que su *look* estaba muy estudiado. La fuerza y seguridad que sentía se proyectaba hacia fuera, y en seguida sus colegas y amigos percibieron esa nueva energía. Eso la motivó aún más para seguir probando nuevas combinaciones y dar rienda suelta a su creatividad. Por ejemplo, en nuestras primeras sesiones se mostraba reticente a ponerse una camisa totalmente blanca con unos pantalones color crema porque pensaba que «los colores no pegaban», pero ahora sabe mezclar y combinar sus prendas neutras como una profesional. Y lo mismo se puede decir de sus *looks* de fin de semana.

Tú también puedes seguir el proceso que hicimos Gabrielle y yo. Una vez que hayas definido tus bases y construido tus fórmulas, puedes jugar con ellas. Por ejemplo, si tu combinación favorita es camiseta + americana + vaqueros, puedes explorar nuevas formas de enfocar esta fórmula, poniéndote una camiseta colorida o de dibujos o probando con vaqueros de estilos diferentes.

Seamos sinceras: a veces no tenemos tiempo. Yo repito variaciones del mismo *look* constantemente. Para mí, repetir *outfits* es un signo de alguien seguro de sí mismo y que conoce su estilo. Al fin y al cabo, estar cambiando siempre de estética significa que aún no has conectado con tu verdadero yo. Una vez que encuentro una fórmula que funciona, la repito y creo diferentes variaciones. Por ejemplo, en verano me encanta llevar pantalones de seda y una camiseta sin mangas, así que lo que hago es cambiar de camiseta; o ponerme unas sandalias de suela gruesa cuando quiero que el *look* sea un poco más duro o, por el contrario, un tacón de gatito y una americana para darle un toque más elegante. Y así sucesivamente: cada vez que te compres algo nuevo, comprométete a dedicar unos minutos a pensar en cómo combinarlo y a hacer fotos del resultado para poder integrarlo en tus fórmulas y *looks* favoritos.

Tu libreta de estilos

Haz fotos de cada *look* que te pongas. Lo que suelo recomendar a mis clientas es que se fotografíen de cuello para abajo, para que no empiecen a criticarse o buscarse defectos. Aun así, yo de vez en cuando incluyo también mi cabeza en el encuadre porque me recuerda lo bien que me sentía en ese momento (¡tan bien como para hacerme una foto con ese *look*!). Estas imágenes son valiosas no solo para planificar *looks* futuros, sino también para descubrir lo que no funciona. Tal vez tengas un top que no te pega con nada: sabrás que ha llegado el momento de sacarlo de tu armario y donarlo cuando veas la prueba irrefutable en tu libreta de estilos. Aunque creas que una prenda te sienta genial, si al final nunca te la pones para salir de casa, es que ahí hay algo que no va.

Probado y comprobado

Aquí tienes algunas soluciones rápidas para cuando sientas que no tienes nada que ponerte.

Dale una vuelta. Tu primer recurso debe ser tu libreta de estilos. Elige uno que no hayas probado nunca.

Repítelo. Ponte lo que llevabas el día anterior pero cambia *una* cosa. Si llevabas vaqueros y camiseta, prueba la misma combinación de base pero añade un accesorio. O prueba con unos vaqueros negros. O cambia una camiseta sin mangas por una camiseta de manga corta.

Inspírate. Elige un *look* de tu tablón de ideas (consulta «Imágenes que inspiran», página 100) e intenta replicarlo solo con prendas de tu armario. Yo suelo hacerlo a menudo y me encanta reproducir la misma idea con una fórmula similar a la de un *look* de mi tablón de ideas. Lo que se me ocurre suele ser una interpretación muy libre, pero me divierte, es creativo y me da un empujón cuando estoy atascada. Con respecto a intentar imitar a otras personas: crear nuevos *looks* deja de ser divertido cuando no somos fieles a nosotros mismas, cuando intentamos copiar y pegar algo que hemos visto en otra persona o cuando intentamos apropiarnos de la estética de alguien sin canalizarla a través de nuestras tres palabras. Esto es exactamente lo que provoca sentimientos de inadecuación y saca a relucir las voces que nos dicen que nuestra ropa no es la «adecuada». Siempre puedes encontrar la manera de hacer tuyo un *look* que te apasiona. No tires la toalla: piensa en cómo ponértela.

Libertad de movimientos. También puedes utilizar tu calzado como medio de expresión de tu estilo personal. Elige un conjunto que te encante, pero cambia los zapatos por otros completamente distintos. Es una forma fácil de innovar, sobre todo cuando te sientes lo bastante atrevida como para probar con zapatos que crees que «no pegan» o comodines para llevar tu *look* al siguiente nivel.

Análisis en profundidad

Me gusta repasar mis fotos como ejercicio para entender por qué un *look* no funciona. El porqué es importante. Algunas de mis clientas hacen fotos de lo que se ponen todos y cada uno de los días, aunque no les guste el *look*, y eso nos da mucha información para trabajar. Por ejemplo, tuve una a la que le costaba decidir qué ropa cumplía con las proporciones adecuadas para su cuerpo. Entonces clasificó todas sus fotos en dos carpetas: «favorece» y «no favorece». Dentro de la carpeta «favorece» agrupó todos los *looks* cuyas proporciones le gustaban, e hizo una lista de cualidades que tenían en común. A través de ese proceso pudimos desentrañar que le encantaban los tops cortos de cuello vuelto, y que se sentía bien con pantalones de talle alto. Lo diseccionó todo a la perfección. También echamos un vistazo a sus imágenes menos favorecedoras para averiguar qué debía evitar en el futuro y cómo podía retocar y rediseñar esos *looks* para adaptarlos a sus proporciones.

Práctica semanal

Me gusta reservar al menos veinte minutos a la semana para planificar y probarme los *looks* de la semana siguiente. Y la verdad, esto es tan importante o más que todo lo que hemos hecho hasta ahora. Te puedes imaginar la de veces que he oído la excusa de que no tienes tiempo. Pero hacer este trabajo por adelantado te ahorra tiempo para el resto de la semana: es un regalo que puedes darte a ti misma. Y apuesto a que si lo intentas, este ritual semanal se convertirá en un momento de exploración y creatividad que llegarás a apreciar de verdad y a esperar con ilusión. Sé que puede parecer una locura pensar en lo que te vas a poner cada día, incluyendo el mercado del sábado, pero es una enorme ventaja despertarte y saber que ya tienes preparado un *look* que te hace sentir estupenda. Te ayuda a sentirte orgullosa de ti misma en todo momento.

Yo suelo dedicarme a ello el domingo a última hora, cuando aún estoy maquillada, porque así me veo mucho mejor con cualquier cosa que me pruebe. Si no me siento bonita, no me gustará nada de lo que me ponga, así que me ayuda bastante. Para sacarle el máximo partido a este rato, disfrútalo de verdad. Crea un ambiente acogedor, enciende una vela, saca tu libreta de estilos y pon algo de música o un programa de televisión de fondo. Rodearte de imágenes de lo que te gusta abre las puertas a la inspiración.

Vuela libre

Esta sesión semanal es un buen momento para ir a tu aire. Más allá de los *looks* que has encontrado y guardado en tu teléfono, prueba con algo que nunca te hayas puesto. O ponte algo que lleves siempre, pero con otros accesorios. Este es un espacio seguro para experimentar y analizar, lo que reforzará tu confianza. Ahora se trata de que te veas realmente bien con todos y cada uno de los conjuntos de la semana, cosa que no ocurre cuando tienes prisa y te vistes a la carrera. Cuando Gabrielle se acostumbró a preparar por adelantado sus *looks* de toda la semana, su creatividad se disparó. A partir de su traje de chaqueta gris de espiga creó otro conjunto diferente: combinó los pantalones con una americana nueva de doble botonadura en color crema y un jersey negro de cuello alto. Sin duda, le encantaba su aspecto, pero lo que le gustaba aún más era sentirse dueña de su estilo y saber que estaba creciendo y expresando su verdadero yo de una forma cada vez más amplia.

Rituales cotidianos: reinventa tu rutina diaria

Gracias al empeño que has puesto en este proceso, ahora cuentas con una amplia gama de *looks* para elegir, así que la parte más técnica ya está hecha. Desde este momento tu rutina diaria va a consistir en sumergirte en la deliciosa belleza del momento de prepararte para empezar el día. ¿Qué tal te suena eso? A muchas de nosotras nos da pavor decidir qué ponernos por la mañana, ya sea porque nos aburren las opciones o porque nos sentimos inferiores o incómodas al vestirnos. Pero a partir de hoy, por el simple hecho de replantear tu vestuario, puedes empezar a cambiar esa pesadez por una dinámica más fluida y ligera, capaz de transformar ese momento agotador que te consumía la energía en un ritual cómplice de tu expresión personal. Para empezar, pregúntate: ¿cómo quiero sentirme hoy? La forma en que te sientes con lo que llevas puesto es fundamental, es el requisito más importante que te condiciona a la hora de elegir la ropa. Así que, aunque ya tengas preparado lo que vas a ponerte, ¿cómo te sientes con esa elección en ese momento preciso?

Hora de vestirse

Te recomiendo que dediques veinte minutos a vestirte por la mañana. No lo hagas con prisa, deja que todo fluya suavemente. Te aseguro que una mañana tranquila influye en tu estado de ánimo para lo que tienes por delante. A mí me gusta ponerme un albornoz después de la ducha y extender sobre la cama la ropa que me voy a poner. Es un paso fácil y quizá innecesario, pero marca la pauta para el resto del día. Todos tenemos vidas ajetreadas y frecuentemente las mañanas resultan caóticas. Cuanto más puedas ralentizarte, más posibilidades tendrás de que el día sea magnífico. ¿Por qué no te planteas este momento como algo que *puedes* hacer, en lugar de algo que *tienes* que hacer?

Muchas de mis clientas cambiaron su ritual matutino a partir de este planteamiento y los efectos que desencadenó fueron inmediatos. Empezaron a tener una alimentación más sana y a cuidar más de su cuerpo y de su casa. Puede inspirar muchos cambios positivos.

Altares, inspiración y práctica

Mientras te preparas para la semana que tienes por delante o simplemente comienzas tu día, preparándote para lo que te espera, hay algunas pequeñas cosas que puedes hacer para anclar tu visión y conectar más profundamente contigo misma. El lugar donde te vistes es un espacio creativo. Por ejemplo, puedes levantar un pequeño «altar» que te ayude a fijarte en tu intención, una representación visual de tus tres palabras que fomente tu inspiración y te recuerde quién eres, qué te gusta y cómo quieres mostrarte ante el mundo. He visto hermosos *collages* hechos de imágenes inspiradoras formando un mandala. O quizá te baste con una sola Polaroid que sintetice el estilo que buscas. También queda genial colocar una foto o un *collage* junto a algo decorativo, como una vela o unas flores. Déjate llevar por la imaginación y modifícalo siempre que quieras. Cambia las fotos cuando dejen de inspirarte o cuando te sientas estancada. Espero que tu espíritu absorba este sentido de reverencia hacia ti misma y hacia tu tiempo y lo incorpores como parte de ti.

También puedes crear un tablero visual en constante evolución para inspirarte: recorta imágenes de revistas o imprime capturas de pantalla y pega unas junto a otras. Recuérdate a ti misma lo que es

importante para ti, cómo quieres sentirte y cómo quieres moverte por el mundo. ¿Qué imágenes pueden orientarte y centrarte para no perder el rumbo?

Del mismo modo que en yoga se trabaja con mantras, el espacio del altar te ancla y te focaliza por completo en lo que estás haciendo. Si reúnes parte de tu inspiración en un espacio físico, no tienes que recurrir al teléfono. Yo tengo dentro del vestidor un taburete con una vela y algunas fotos impresas: imágenes muy concretas e inspiradoras que a mí me sirven para mantener el foco. La vela me recuerda la suerte que tengo al poder gozar de este momento tan privilegiado.

Un escenario para crear ambiente

Haz lo que tengas que hacer para que tu cabeza entre en situación. Por la mañana, yo me tomo algo caliente y pongo música relajante. En lugar de sintonizar con el mundo exterior, miro hacia dentro, para empaparme de toda la tranquilidad posible antes de empezar un día ajetreado. Esto me da espacio para centrarme en cómo quiero sentirme y cómo puedo vestirme de forma acorde con esa intención. Me guío un poco por mis fotos de referencia para inspirarme y consulto mi libreta de estilos (ver página 172) para valorar mis opciones.

Un *look* que se adapta a cualquier circunstancia

Para los días en los que tengo diferentes compromisos, planifico mi *look* hacia atrás, desde el final del día hasta el principio. Si he quedado para cenar después del trabajo, me imagino con qué *look* me sentiré cómoda en ese momento e intento adaptarlo en función de eso para el resto del día, normalmente superponiendo capas o añadiendo una chaqueta (que en mi caso suele ser una americana). Aunque hay quien mantiene que para pasar del día a la noche o de la oficina a la cena basta con cambiar de accesorios, lo cierto es que nadie quiere hacerlo. Algunas de mis fórmulas favoritas funcionan en multitud de situaciones, como llevar americana + camiseta + vaqueros con cinturón +

bailarinas chic. Esta combinación es ideal tanto para el trabajo como para cenar, y si necesito que sea un poco más sofisticada, le añado un fular o una joya. Pero me lo pongo desde la mañana, no hay por qué llevar los accesorios guardados todo el día. Del mismo modo, jersey + camiseta + pantalones + botas es ideal para una reunión de trabajo, y siempre puedo quitarme el jersey y anudármelo al cuello.

Varias pruebas

Yo tampoco acierto siempre a la primera cuando me visto, ni siquiera consultando mi libreta de estilos. A veces tengo que probarme diferentes chaquetas y bolsos, y sobre todo zapatos. A menudo me pruebo dos o tres pares antes de salir de casa, porque los zapatos pueden transformar por completo un *look*. Como ya hemos visto, a veces el zapato que menos te esperas es el que mejor funciona, así que vale la pena probar con varios diferentes. Lo mismo pasa con el bolso: marca la diferencia. Aunque cambiar de bolso con frecuencia puede dar pereza, yo guardo la cartera, las llaves y la barra de labios en un bolsito de piel que simplemente traslado de bolso a bolso. Así siempre tengo lo que necesito y puedo cambiar de bolso de un modo fácil y rápido. Muy recomendable.

Antes de salir

Cuando me pruebo mucha ropa por la mañana, lo dejo todo recogido antes de salir para no encontrarme la casa hecha un desastre después de todo un día de trabajo. También procuro que pase un poco de tiempo entre el momento de vestirme y el de salir de casa, para darme cuenta de si algo no me queda del todo bien o no me convence cuando aún estoy a tiempo de corregirlo. Recuerda: sentirte segura y cómoda influye en tu mentalidad. Tal vez te parezco demasiado quisquillosa siguiendo todos estos pasos, pero te invito a comprobar por ti misma lo útiles que son, y verás que en seguida los incorporas de forma natural.

Un momento de paz

Antes de salir del lugar donde sueles vestirte para empezar oficialmente el día, dedícate una última mirada larga y cariñosa en el espejo. Si tienes un mantra o sueles repetirte afirmaciones positivas, ahora es el momento de hacerlo. Expresa un deseo para ti, para el día que te espera y lo que te deparará: hazte este regalo. Una sola inhalación y una exhalación lentas pueden aportarte una sensación de plenitud y de estar preparada que te predispone para que el día empiece a girar en la dirección adecuada.

quinta parte

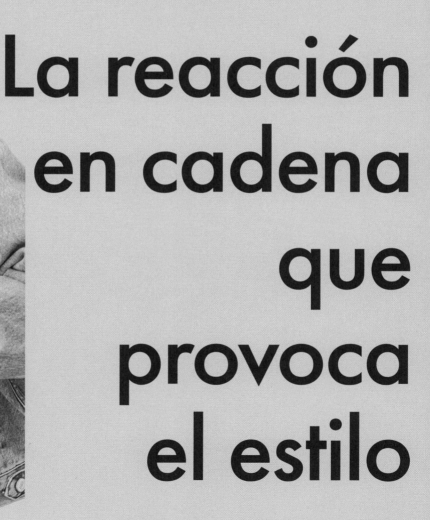

La reacción en cadena que provoca el estilo

No te compliques

Ahora que nos acercamos al final del proceso, es un buen momento para aprovechar el impulso y expandirlo de modo que tu forma de vestir cree un efecto en cadena. A nivel profundo, descubrir tu estilo es otra forma de conocerte a ti misma, y a medida que adquieres esa completa comprensión de qué es lo que te gusta y por qué, la moda puede convertirse en una manifestación externa de tu yo interior. Con el tiempo irás adquiriendo fluidez a la hora de traducir lo que eres a lo que llevas puesto, y eso influirá en tu forma de comunicarte, en las decisiones que tomes y en lo que te propongas conseguir. Es decir, se extenderá inevitablemente a todas las áreas de tu vida: tu carrera, tus relaciones y tu sentido de la felicidad. Cuando te sientes capacitada para decir no a lo que no te sienta bien o no te sirve y sí a lo que te gusta, tu confianza aumenta día a día.

A veces basta con cambiar el chip. Recuerda a Ángela, del capítulo 6, que fusionó su gusto por la ropa romántica y deportiva en un estilo propio sin fisuras. Fue fascinante ver los cambios que provocó a su alrededor, la sensación de coherencia que generó en su entorno y la emoción que todo ello trajo a su vida diaria. Una vez que identificó sus tres palabras se sintió capaz de conciliar estéticas opuestas en la decoración de su hogar: su despacho, donde no le gustaba pasar el tiempo, era más austero y moderno, mientras que el resto de su casa daba una sensación mucho más hogareña y acogedora, con cierto aire bohemio. Nos dimos cuenta de que tendía a querer mantener «lo semejante con lo semejante»: lo bohemio con lo bohemio y lo austero con lo austero. Pero su verdadero estilo comenzó a aflorar cuando se dejó llevar por la dinámica que le pedía su instinto y empezó a mezclarlo todo. Añadió elementos más hogareños a su despacho y empezó a cultivar lo «elegante pero acogedor» en el resto de su casa. Empezó a sentirse a gusto allí, lo cual repercutía en su trabajo.

Nuestra colaboración también le dio una perspectiva diferente sobre su aspecto general. Tiene una melena oscura, densa y preciosa, naturalmente ondulada, que suele llevar suelta, despeinada y un poco salvaje. Sin embargo, se dedica en cuerpo y alma al cuidado de su piel: utiliza buenos tratamientos y se maquilla a conciencia. Cuando nos conocimos, le preocupaba la idea de que estas dos facetas de sí misma se contradecían. Pero al reformar su vestuario, Ángela trasladó más allá de la ropa lo que había aprendido: ahora podía entender que sus enfoques opuestos sobre el cabello y el maquillaje en realidad le aportaban equilibrio. Se da el lujo de aplicarse una mascarilla hidratante nocturna pero no se pone rulos. Y esa perspectiva sencilla y fresca también le permite seguir experimentando: si se hace un recogido en el pelo, para contrarrestar no se pinta los labios, lo cual aporta un aspecto más natural a su *look*.

Modo trabajo *off*

He comprobado con muchas de mis clientas cómo estas prácticas asociadas a la imagen personal desencadenan además sutiles cambios psicológicos. Por ejemplo, puedes utilizar tu vestuario para restablecer el equilibrio entre el trabajo y la vida personal: con el simple hecho de cambiarte de ropa después del trabajo le estás indicando a tu psique que es hora de relajarse.

El entorno de trabajo nos exige a menudo un estilo más elegante que el que nos ponemos para el tiempo libre. Siempre me acuerdo de que, cuando yo era pequeña y mi padre llegaba a casa del trabajo, me decía antes de nada: «Espera, que me pongo la ropa para jugar». Para él, quitarse la camisa y los chinos y ponerse en camiseta y vaqueros significaba el final de la jornada. Aunque con tu ropa del trabajo te sientas tú misma, es natural que en casa quieras estar más cómoda.

Arreglada pero informal

Muchas de mis clientas están encantadas con que la oficina se haya convertido en un lugar más informal, aunque esto ha dejado a muchas mujeres en una posición incómoda, caminando por la delgada línea que las obliga a dar una imagen profesional pero cercana al mismo tiempo. Todas queremos que nos tomen en serio, pero no queremos parecer distantes, sobre todo cuando nuestros compañeros van a trabajar en vaqueros y sudadera con capucha.

Mis clientas del sector tecnológico quieren transmitir una sensación informal, pero sin llegar a parecer descuidadas. Inspirar respeto sin tener que ir excesivamente arregladas. Vestir con estilo, pero que no se las reconozca únicamente por su aspecto. Resulta agotador.

Aquí es donde tus tres palabras pueden ser de gran ayuda. Al configurar tu vestuario de forma holística, lo que consigues es ser coherente, sentirte tú misma estés donde estés: en el trabajo, en una cena informal con amigos o en un evento especial. En lugar de separar tu ropa de trabajo del resto, tus tres palabras te ayudarán a crear un estilo que te haga sentir bien en tu propia piel. Y cuando te sientes bien, trabajas más a gusto y mejor.

Teletrabajo

Sigo siendo una chica de pies a cabeza, sin excepciones. Y como la moda es bienestar, no tiene sentido ponerte una impecable camisa para una videollamada pero no quitarte esos viejos pantalones de chándal. Hazlo para sentirte bien por dentro, no para fingir.

Así que me gustaría reivindicar la necesidad de vestirse y calzarse incluso cuando trabajas desde casa y estás relajada. Por ejemplo, yo hago mis llamadas de trabajo con unas sandalias de dedo porque necesito sentirme con los pies en la tierra, no como si estuviera tumbada en el sofá. Vestirse por completo hace que todo tu ser sepa que es hora de concentrarse. Aunque tengas el ordenador en el dormitorio, tienes que ponerte algo distinto de lo que te has puesto para dormir. Nuestro cuerpo absorbe las señales del entorno. Crear este

cambio energético durante el día es saludable, tanto si tu trayecto matutino es kilométrico como si es de apenas unos metros.

Por eso, igual que hago con mis clientas que trabajan en una oficina, les pido a las que teletrabajan que creen sus propias variaciones sobre su libreta de estilos. Si te pones un pantalón de chándal para trabajar en casa, combínalo con un bonito jersey de cachemira, calcetines blancos y zapatillas blancas. O con una camiseta blanca o un jersey negro de cuello alto y bailarinas. Los pequeños detalles tienen un gran impacto.

A mí me encanta ponerme una camisa bonita, joyas y mis *leggings* favoritos cuando teletrabajo. Merece la pena buscarte unos *leggings* algo más estilosos, no los típicos que te pondrías para hacer ejercicio. No tienen por qué ser caros, pero no deberían ser deportivos. Y un jersey negro de cuello alto debajo de una sudadera puede ser un *look* de teletrabajo magnífico.

Si estás empezando a trabajar desde casa, puede resultar esclarecedor revisar desde una nueva perspectiva la antigua ropa de trabajo que conservas en tu armario y eliminar la que ya no te pones. ¿Es hora de deshacerte de ese vestido negro que solías llevar a la oficina? ¿Te gusta? ¿Te lo vas a poner los fines de semana? La respuesta suele ser no, y algunas clientas incluso llegan a darse cuenta de que ese, la verdad, está hecho una pena. Hubo un tiempo en el que las mujeres se sentían obligadas a comprar ese tipo de prendas para ir la oficina, y no se equivocaban. Pero la cultura se ha relajado en ese aspecto. Probablemente ahora no irías a una entrevista de trabajo con un traje ajustado, un vestido por la rodilla o unos pantalones de vestir (en su lugar, tal vez te podrías una blusa de seda con una americana y pantalones). Son otros tiempos, y si ya no te gustan aquellas prendas que solías ponerte a diario, es hora de cambiarlas.

Aunque también puedes darles una nueva vida a algunas de las viejas prendas que usabas para ir a trabajar: combina tus pantalones favoritos de entonces con una camiseta y deportivas, o con una americana para las videollamadas. Muchas mujeres solían llevar a la oficina blusas de seda. Pruébalas con vaqueros de cintura alta y botas en lugar de los pantalones con que las combinabas para el trabajo.

Vístete para los momentos de transición

No está de más tener unos cuantos *looks* para ponerte en esos momentos intermedios como ir a recoger a los niños, salir corriendo a la tienda o volver a casa desde el gimnasio. Estés donde estés, tú sigues siendo tú. Así que es muy útil configurar algunas fórmulas fáciles que te ayuden a sentirte estupenda y con los pies en la tierra mientras te desplazas de un sitio a otro, porque te ahorra tiempo y te permite expresar tu estilo incluso en esas situaciones. Aquí tienes tres de mis *looks* favoritos para esos momentos de transición.

1   Jersey de cachemira + *leggings* + gabardina + mocasines o deportivas. También puedes sustituir los *leggings* por vaqueros o mallas de ciclista. La gabardina le da un toque muy sofisticado.

2   Camisa + *leggings* + mocasines. La camisa añade estructura y elegancia a un *look* clásico de *leggings*.

3   Jersey + vaqueros + cinturón. El cinturón es la clave: si te pones una prenda acogedora de punto con tus vaqueros favoritos te sentirás fabulosa, y aún más fabulosa si le añades un cinturón.

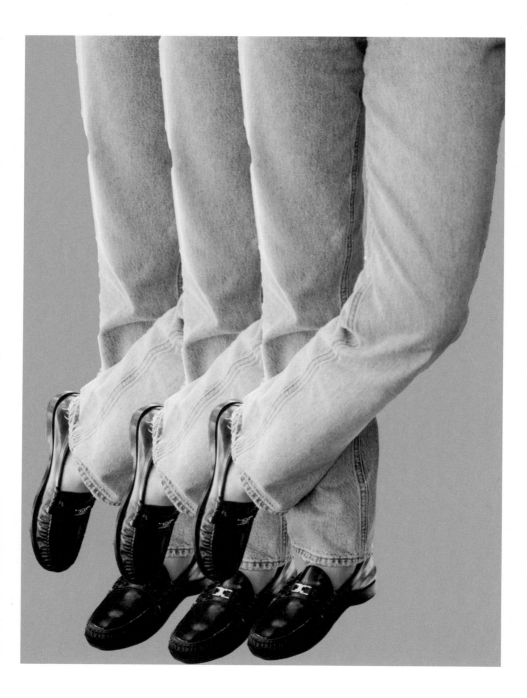

De manta y sofá

Para esos momentos de pasar el rato viendo la tele o de sentarte con la familia en el sofá, yo apuesto por los pijamas bonitos. Ya sean baratos o de marca, puedes estar igual de cómoda con ellos. Pero estar cómoda para pasar una tarde tranquila en casa no tiene por qué significar ponerte la típica «ropa de estar por casa», como una camiseta manchada, un pantalón de chándal con un agujero o el *body* que cortaste para convertirlo en camiseta. Te mereces más que eso. Tener tres juegos de pijama te da muchas opciones: para los meses más cálidos, uno de algodón suave y otro de seda, y para el invierno, pantalones de punto o de canalé que puedes ponerte con una camiseta *vintage* que utilices solo para estar por casa.

Sí al zapato plano

La comodidad es uno de los objetivos clave en todas mis sesiones de estilismo. Conozco a muchas mujeres que han superado lo de «para presumir hay que sufrir», y han donado todos sus tacones altos en favor de otras alternativas: zapatos de vestir que no aprieten los dedos ni te dejen los pies destrozados al final del día.

El mensaje que me gustaría transmitirte es que un zapato plano y bonito con solo un poco de tacón puede formar parte de tu *look*, no solo porque es funcional y necesario, sino porque es una parte importante de la moda. Cuando trabajaba como estilista de una magnífica directora de cine, lo primero de lo que hablamos fue de la comodidad. Estaba nerviosa por la gira de prensa de su primera película, así que decidimos en seguida que todo lo que se pusiera tenía que hacer que se sintiera segura de sí misma, lo que significaba que no podía preocuparse por los tirantes del sujetador ni llevar siluetas extravagantes y, ante todo, no podía estar estresada por unos zapatos incómodos. Aunque un tacón fabuloso puede hacerte sentir segura, hay una seguridad mucho más sutil que consiste en llevar un zapato que sea tan cómodo que te dé a la vez firmeza y serenidad. Lo último que necesitaba mi clienta durante una entrevista sobre el éxito de su último proyecto era estar agonizando por una ampolla en el pie.

Ríndete al zapato plano

REVISA TU ARMARIO, TU TABLÓN DE IDEAS Y TUS TRES PALABRAS PARA DECIDIR QUÉ TIPO DE ZAPATO PLANO ES MÁS ADECUADO PARA TI. Suele ser algo sencillo y clásico (personalmente, soy una amante de los mocasines).

PRUEBA CON LAS BAILARINAS. SU ATRACTIVO SEXY A LA FRANCESA TIENE UN PUNTO DIVERTIDO. Las bailarinas combinan con casi todo: desde unos Levi's de cintura alta hasta unos vaqueros cortos. Incluso si no te suelen gustar las prendas tan recatadamente femeninas —¡y quizá especialmente si no te gustan!—, las bailarinas le añaden un elemento delicado y atemporal a tu estilo.

SI NO SON CÓMODOS EN LA TIENDA, NO LO SERÁN FUERA DE ELLA. Claro que para adaptarte a ciertos zapatos hacen falta unos cuantos usos, pero tampoco te puedes fiar de que vayan a ablandarse con el tiempo. No sabes cuántas de mis clientas han terminado regalando zapatos planos que les resultaban incómodos desde el primer día.

PERSONALIZA TU ESTILO CON CALCETINES DE COLORES O CON TEXTURAS. Aunque solo asomen cuando estás sentada, los calcetines originales son uno de esos pequeños secretos de estilo que te hacen sentir combinada y absolutamente tú, tanto si los demás se dan cuenta como si no.

CUANDO TE PONES UN ZAPATO PLANO TIENES LA OPORTUNIDAD DE MOSTRARTE TAL Y COMO ERES. Si eres bajita y siempre has llevado tacones para parecer más alta, puedes explorar cómo te sentirías si dejaras de estar condicionada por tu altura. Eso también te hace ganar seguridad.

AÑADE UN TOQUE DESENFADADO. Los zapatos planos le dan un giro muy diferente a todo lo que te pongas, incluso a las prendas que en el pasado habrías llevado con tacón. Los zapatos planos transmiten una sensación de ligereza que te da fuerza y seguridad.

De compras con el bienestar en mente

El proceso en el que nos hemos embarcado juntas te permite crear, en muchos sentidos, un vestuario más sostenible. La opción más ecológica siempre va a ser lo que yo llamo «de tiendas por tu armario»: es decir, crear nuevos *looks* utilizando las prendas que ya tienes.

Sin embargo, a medida que te vas familiarizando con tu estilo personal, que sabes quién eres y lo que te gusta, tienes más claro lo que necesitas y lo que no, y eres capaz de decidir con mucho más criterio qué comprarte y qué no: te llevas solo lo que necesitas. Tanto si la prenda supone un gasto elevado como si es algo de Zara, la idea es que lo que añadas a tu vestuario sea algo que de verdad te entusiasme y vayas a ponerte. Se acabaron las dudas. Se acabó el volver a casa con cosas que no encajan contigo y se quedan colgando en el armario con las etiquetas puestas.

Lista de deseos

Para aprovechar al máximo el tiempo que pasas de compras, lo mejor es eliminar la fatiga de la decisión. Cuando tenemos que tomar demasiadas decisiones podemos sentirnos paralizados. Ese es el motivo de que siempre vuelvas a casa con la misma camisa después de tus expediciones de tienda en tienda. Tu cerebro está sobrecargado. Lo ideal para eliminar la fatiga de la decisión es llevar siempre contigo una lista de deseos. Cada vez que veas algo que te gusta, añádelo a tu lista de deseos o haz una captura de pantalla. Luego plantéate las preguntas que aparecen a continuación para ayudarte a decidir si lo compras o no. Y si lo haces con antelación, cuando vayas de compras —ya sea en persona o por Internet— tendrás una lista concreta y reducida solo de las cosas que realmente buscas.

Antes de decidirte por cualquier compra, pregúntate:

1   ¿Oigo dentro de mí un sí rotundo cuando me veo esta prenda puesta?

2   ¿Me va a facilitar el momento de vestirme?

3   ¿Tengo ya algo que cumpla la misma función? Si es así, ¿cuándo me pondría esta nueva prenda en lugar de la que ya tengo?

4   ¿Estaría dispuesta a renunciar a algo que tengo en mi armario para tener esta prenda?

5   ¿Tendré que comprar algo más que lo complemente? (Por ejemplo, ¿requiere un zapato específico que no tengo y que tendré que comprarme?)

6 ¿Se adapta a mi estilo o en realidad solo me gusta cómo le queda a otra persona? ¿Cuadra con mis tres palabras?

7 ¿Me veo llevando esto el año que viene?

8 ¿Me arrepentiré de no haberlo comprado? (Esto es lo que mi madre llama «remordimiento del no comprador», que puede ayudarte mucho a saber si ha llegado el momento de comprar.)

La fiebre de las rebajas

¡Me encantan las rebajas! Pero los mayores errores en las compras ocurren cuando compras algo solo porque está rebajado. Lo veo todo el tiempo, y yo misma he caído en la trampa las veces suficientes como para saber qué se siente al darte cuenta de que te has equivocado al comprar algo que no te pega con nada o que simplemente no te gusta una vez que te lo pruebas en casa. He aprendido por las malas que solo porque algo esté muy rebajado no significa que deba estar en mi armario. Por eso llevo siempre una lista de deseos y hago el trabajo a la inversa, esperando el momento mágico en que los artículos que ya me interesan están de oferta, en lugar de comprarlos sin tener ni idea de lo que quiero. También es importante recordar que si algo no te atraía con su precio real, probablemente tampoco te interese al estar rebajado. Piensa en las ofertas como en un bonus. Cuando el artículo que ya sabes que quieres está rebajado, sabe mucho mejor.

¿Ahorro o derroche?

He aquí algunos consejos y estrategias para comprar de forma más consciente.

Cuando hay algo que te encanta pero su precio no te gusta, una buena táctica es preguntarte: ¿compraría este artículo aunque no estuviera de moda ahora mismo? A veces incluso las prendas más clásicas se ponen o se pasan de moda. Si hay una prenda que te pondrías independientemente de la tendencia del momento, entonces merece la pena invertir en ella porque te la pondrás la próxima temporada y el año que viene, cuando tal vez no esté de moda.

Los artículos que realmente realzan tu *look* valen un poco más, como un bolso grande o un precioso abrigo. Lo que pagas por este tipo de prendas merece la pena. Tu aspecto ganará mucho con un buen bolso, aunque vayas con *leggings* y camiseta. Antes de concederme un capricho, me gusta preguntarme: ¿la calidad justifica su precio? En el caso de una camiseta blanca, no: es de algodón, es barato. Su valor no depende de si es lujosa o no. Pero en el caso de un bolso bueno, la calidad forma parte de su valor, de lo que lo hace especial, y en buena medida eso es lo que pagas.

Viendo a mis clientas he descubierto que a menudo llegas a un momento en la vida en el que quieres comprar cosas más bonitas. Cuando consigues tu primer buen trabajo y tienes por fin un buen sueldo, o si obtienes un aumento de sueldo importante. De pronto puedes invertir en tu aspecto, y te atrae la idea de sentirte orgullosa de lo que eliges: te da seguridad, sobre todo si durante mucho tiempo no has podido permitirte comprar cierto tipo de ropa que te gustaba. Pero disponer de ese dinero no significa que tengas que gastártelo.

No te apresures. Puedes seguir tomando buenas decisiones y comprometerte a elegir solo lo que realmente te gusta aunque tu presupuesto siga aumentando.

Otra estrategia que recomiendo es invertir en sastrería. Hoy en día puedes comprar vaqueros en casi cualquier sitio: la época de los vaqueros de trescientos euros ya pasó. Sin embargo, sí merece la pena gastarte un poco más en arreglarlos para que te queden perfectos, aunque sean de Gap.

Sin embargo, lo más importante es lo siguiente: si te estresa el tema del dinero, entonces tu vestuario no está contribuyendo a tu bienestar, y tenemos que retroceder un poco. Tu tranquilidad es el factor principal de este proceso. Disfrutar vistiéndote y utilizar la moda como un medio de expresión personal y de autoconocimiento es un viaje que realizas a lo largo de toda la vida. Sentirse mal y gastar un montón de dinero en cosas que no te puedes permitir es ir en la dirección equivocada.

Sin prisas

Cuando vayas de tiendas, comprométete a no dedicar más tiempo del que sabes que puedes aguantar. Si tienes poca paciencia para ir de tiendas y probarte cosas, sé honesta contigo misma y tenlo en cuenta. Si estás cansada o molesta y lo que quieres es comprar lo primero que encuentres y acabar cuanto antes, tomarás malas decisiones.

A mí a veces me ocurre que al pasar mucho tiempo en una tienda siento que tengo que comprar algo. Pero no es así en absoluto. Solo que al ir de tiendas muchas veces te encuentras como en trance,

A la moda vs. atemporal

He aquí tres preguntas que puedes plantearte cuando no estés segura de si la prenda que quieres comprarte va a ser atemporal o solo una moda pasajera. Debes tener claro si se trata de una inversión porque piensas llevarla durante mucho tiempo, o si te estás dejando llevar por la tendencia del momento.

Pregúntate a ti misma:

1. ¿El año pasado habría querido ponerme esto?

2. ¿Querré ponérmelo el año que viene?

3. Si esta prenda vuelve a estar de moda dentro de diez años, ¿querré sacar esta misma y ponérmela de nuevo, o querré conseguir una versión nueva o actualizada? Esta es una manera de configurar tu propio vintage. Me fascina la idea de que haya ciertas cosas que queramos conservar para volver a ponérnoslas en un futuro.

Pero ten en cuenta que no siempre una prenda atemporal es una inversión: las zapatillas Converse pueden ser atemporales, pero si crees que dentro de diez años querrás volver a ponerte unas, ¿te imaginas con las mismas que te pondrías hoy? *Atemporal* tampoco tiene por qué significar *clásico*: un abrigo de piel de oveja superajado es atemporal, pero no necesariamente clásico. Tampoco todo lo que hay en tu armario tiene que ser atemporal. Eso sería bastante aburrido y no te permitiría desplegar tu máxima expresión. Estas cuestiones son personales, solo tú puedes definir qué es atemporal para ti.

y solo «despiertas» a la salida. Y entonces te das cuenta de que, o no te ha gustado nada de lo que has visto, o ¡te apasiona ese top! Esta es una táctica que aprendí de mi abuela. Cuando era pequeña, nos encantaba ir juntas de compras al centro comercial. Siempre escogíamos la ropa que nos gustaba, pero antes de comprarla la dejábamos como en suspenso y nos íbamos a comer o a tomar un *frappuccino*. Luego volvíamos para probarnos las cosas y ver si estábamos realmente seguras de comprarlas. Sienta muy bien darse ese espacio y ese tiempo.

En terapia aprendes que es importante concederse el espacio y el tiempo suficientes para decidir. Sinceramente, acostumbrarme a decir «Déjame pensarlo y luego te digo» ha cambiado mi vida. Tómate el tiempo que necesites. Utiliza las compras como un lugar donde ejercitar ese hábito para trasladarlo luego al resto de los ámbitos de tu desarrollo personal.

¿Sola o acompañada?

Mi marido y yo sabemos que no podemos ir juntos de compras. A mí me gusta dar un par de vueltas por la tienda para hacerme una idea de lo que hay y tocarlo todo, mientras que él tiene una paciencia limitada y, o bien me sigue (demasiado de cerca) o espera fuera, lo que me hace sentir apurada. Lo mismo ocurre cuando voy de compras con niños, o con cualquier otra persona que me meta prisa. En cambio, me gusta ir con amigas de confianza y que me dejan tomarme mi tiempo. Pero estés con quien estés, antes de nada tienes que comprometerte contigo misma: no permitas que nadie te convenza de comprar cosas que no te gustan o que no necesitas. Tengo una amiga muy divertida y entusiasta que siempre está dispuesta a sacarme un poco de mi zona de confort, pero cuando voy de compras con ella sé que de todos modos tengo que escuchar lo que me dice mi instinto. Si esa amiga con la que te encanta ir de tiendas no puede acompañarte, puedes enviarle una foto desde el probador con tus hallazgos. Pero recuerda que también en este caso tienes que confiar en ti misma: si envías una foto porque no estás segura, significa que probablemente no te apasiona. Cuando siento que tengo que preguntar a alguien es porque no estoy cien por cien segura. Y lo mismo se puede decir de los dependientes: la mayoría hacen bien su trabajo y no intentarán venderte algo que les parece horrible, pero tampoco saben lo que ya tienes en casa y no te conocen tan bien como tú. Ve con calma, tómate tu tiempo y sé tú misma.

¿Qué me pongo para ir de tiendas?

Para ir de compras hay que estar cómoda. Yo no me pruebo nada ni en casa ni en las tiendas si no llevo un buen sujetador. Te aconsejo que vayas con un sujetador que te quede bien y que puedas ponerte con la mayoría de las prendas. Los cimientos son una parte importante del *look* y también afectan enormemente a cómo te sientes. Invierte un poco en tu ropa interior. Es una de esas cosas que solo tú sabes, pero llevar lencería con la que te sientas a gusto marca la diferencia.

Generalmente, para ir de tiendas yo suelo ponerme mi camiseta y mis vaqueros favoritos, porque cualquier prenda que me pruebe debería quedarme bien con ambas cosas. Y básicamente, llevar algo que te gusta y con lo que te sientes cómoda no solo te ayuda a disipar las dudas, sino a establecer también un punto de referencia. Si lo que me pruebo no es tan bonito como lo que llevo puesto, no lo quiero. Así no hay forma de equivocarse.

En persona vs. *online*

Da gusto moverte a tus anchas por una tienda de verdad, mirar y tocar la ropa y poder probártela. También resulta más fácil saber si algo te gusta de verdad: me he dado cuenta de que cuando veo en persona las cosas que codiciaba en Internet a veces no me resultan tan atractivas. La parte negativa es que, una vez que te has desplazado hasta la tienda, puedes sentir esa presión de comprar algo para justificar el paseo.

Una de las ventajas de comprar por Internet es ver cómo combinar las cosas. Mi sugerencia es que te inspires pero dejando atrás los condicionamientos, aferrándote a tus tres palabras y a tu imaginación para superar cualquier noción limitante. Por ejemplo, si en la foto aparece una blusa con unos vaqueros rotos y unos zuecos y no te va el *look* bohemio, puede que no te la imagines incorporada en tu *look*. Si la blusa te encanta, imagina cómo te la pondrías para que encaje con tus tres palabras.

En las tiendas físicas prefiero perderme mirando unas cosas y otras, pero para buscar por Internet lo hago de forma más sistemática porque hay tanto ahí fuera, tantas novedades y tantos vendedores... que es fácil sentir que *necesitas* todo lo que exponen. Esa es una de las razones por las que rechazo los correos electrónicos de marketing, salvo los de un pequeño grupo de mis marcas favoritas: para evitar tentaciones.

Me lo llevo puesto

Una de las cosas que más me gusta de ir de compras es ponerme inmediatamente lo que acabo de comprarme, y siempre he sido así. De pequeña, cuando iba de compras con mi abuela, pedía a los dependientes que cortaran las etiquetas para poder cambiarme allí mismo, y metía en la bolsa de la tienda lo que traía puesto. Cuando me compro algo, quiero ponérmelo. Por eso no recomiendo comprar ropa fuera de temporada. Si compras un vestido de verano en invierno y se queda en el armario durante meses, puede que para cuando le llegue su momento estés cansada de mirarlo y corres el riesgo de no ponértelo nunca. Si compras algo fuera de temporada y eres como yo, guárdalo fuera de tu vista y ponte un recordatorio en el calendario para volver a sacarlo.

De tiendas con tu «guía espiritual»

Cuando voy de tiendas, a menudo invoco a mis dos «guías espirituales» favoritas para que me acompañen: Jane Birkin y Bianca Jagger. Estos dos fabulosos iconos del estilo me han llevado hacia algunos de mis artículos favoritos. Es una técnica que puede resultar útil cuando necesitas consultar a tu instinto sobre una posible compra. Cuando no estoy del todo segura acerca de algún artículo, me pregunto: ¿se lo compraría Jane Birkin? También me funciona filtrar a través de una mezcla entre Harry Styles y Larry David, ¡a mitad de camino entre lo divertido y lo monótono!

Mi clienta Ángela eligió como «guía espiritual» a la editora francesa de *Vogue* Emmanuelle Alt, que conseguía combinar una blusa de volantes con pantalones de cuero y deportivas de una forma que evocaba el aire romántico-deportivo que Ángela buscaba. Tu sentido de la orientación y de las posibilidades se vuelve muy claro cuando lo pasas por el tamiz de cualquier icono de estilo realmente poderoso. Igual que apoyarte en tus tres palabras resulta muy útil, también lo es invocar a una fuerza icónica para que te ayude a pararte un momento a fin de visualizar y no perder de vista tu propósito.

Muéstrate tal y como eres

Lo mires por donde lo mires, el estilo consiste en expresar lo que eres como solo tú puedes hacerlo. Cada mañana es una oportunidad para ello, precisamente dejándote transformar por el acto de vestirte. Hace poco le pregunté a una clienta con la que estaba trabajando qué era lo que más le gustaba de la ropa que tenía. Me dijo que le gustaba que todo le quedara bien, pero que tampoco le importaría si al día siguiente abriera la puerta del armario y descubriera que todo había desaparecido. Eso me conmovió. Creo que es importante amar las cosas que poseemos. Piensa en las prendas de tu vestuario como en las piezas de un puzle que al juntarse te pueden ayudar a transmitir las múltiples facetas de tu identidad. Vístete de forma que te veas preciosa, no como algo que puedas elegir hacer o no hacer. Cuando te propones sentirte más segura empiezas a ganar poco a poco más confianza en ti misma, ¡e incluso a veces al instante! Del mismo modo, al vestirte de una forma que te hace sentir increíble, empiezas a sentirte..., bueno, bastante increíble, de hecho.

Al fin y al cabo, mirarse al espejo es un truco de magia. Lo que crea esa sensación es el pequeño remetido delantero o el cinturón perfecto, la forma en que te anudas el jersey sobre los hombros o dejas el cuello apenas asomando: y cuando te miras, hasta tú misma te sorprendes de lo bien que te queda. Aparte de eso, hay otro aspecto esencialmente mágico del estilo: que está en permanente cambio y crecimiento. Cuando este libro llegue a tus manos, puede que mis tres palabras sean diferentes. La moda fomenta la evolución, y eso tiene mucha fuerza. Una vez que te sientes firme en tu estilo, este puede llevarte a nuevos lugares. Cuando permites que el color y el tacto sensual de los tejidos toquen tus sentidos, tu audacia crece.

He incluido muchas cosas en estos capítulos: mi Sistema AB para Renovar el Armario y el método de las tres palabras. Hemos visto las nueve prendas universales, las bases y las fórmulas. Hemos explorado rituales para desterrar la autocrítica y abrazar la autenticidad. Hemos hablado de nuevas formas de comprar y de vestir, con cuidado y consideración.

Y lo que es más importante, cuando leas este libro quiero que te des cuenta de que ya tienes estilo. Espero que las herramientas y métodos que he compartido te hagan sentir más feliz y a gusto al vestirte, pero también más profundamente tú. Espero haberte dado una nueva perspectiva para ver tu armario como un espacio de invención cohesionado y lleno de vida. Uno de mis momentos favoritos en el trabajo de asesoría es cuando una clienta se da cuenta de que ya tiene todo lo que necesita. Este libro está diseñado para ayudarte a descifrar y redescubrir lo que ya tienes y para que te diviertas refinando tu *look*. Somos muy privilegiadas al tener esta oportunidad de satisfacer nuestros deseos y expectativas a través de nuestro vestuario. ¿Por qué no disfrutar de cada segundo del proceso y procurar que se expanda e inspire a la gente que te rodea?

Ahora es el momento de hacerlo. Siempre estamos posponiendo las cosas. Algunas clientas han llegado a decirme: «Me dedicaré a mi vestuario cuando pierda peso», o «Me centraré en mi ropa cuando tenga más dinero». Sentir que fluyes con tu proceso de expresión personal requiere cierta práctica, y parte del proceso consiste en darse cuenta de que puedes permitirte tener cosas bonitas y cuidarte al mismo tiempo que trabajas con lo que tienes, sin tener que esperar a sentir que te lo mereces. Otras clientas acumulan ropa magnífica que nunca se ponen porque no han encontrado una ocasión lo suficientemente especial. Pero yo te propongo que hagas que cada día sea especial. Póntela solo porque te gusta, porque te hace sentir bien. ¡La vida es demasiado corta! Así que, si eres de las que están esperando un día especial para sentirse bien, mucho mejor: porque ese día es hoy.

AGRADECIMIENTOS

Son muchas las personas que han hecho posible este libro. En primer lugar y ante todo, mis clientas: me habéis enseñado mucho. Gran parte de lo que comparto en este libro lo he aprendido trabajando con todas vosotras, lo cual es un privilegio increíble, tanto si nos hemos conocido por videollamada como si hemos contactado por mensajes directos de Instagram. ¡Agradezco mucho vuestros comentarios y vuestra sabiduría! Gracias a mi madre por su inmenso apoyo y por no cuestionar nunca mis *looks* (¡o al menos no en mi cara!), lo que siempre me ha dado seguridad a la hora de probarme cosas nuevas. Me siento muy agradecida de tenerte. Y gracias a mi padre. A algunos les sorprendería saber que eres mi arma secreta en las redes sociales. Tienes ideas estupendas, y me encanta hacer lluvias de ideas contigo. Eres un gran apoyo, oírte hablar a la gente de mí y de mi trabajo es una de las cosas más reconfortantes del mundo. Eres la única persona que ha comparado ser estilista con ser médico, explicando que a ambos se nos acerca gente en las fiestas para enseñarnos su sarpullido —o sus zapatos—, y que tanto los estilistas como los médicos hacemos que la gente se sienta mejor. Creo que exageras un poco, pero es muy amable por tu parte. A Mark: tú fuiste mi primer cliente de estilismo cuando éramos pequeños, y sigues siendo igual de buen compañero. Estoy orgullosa de ser tu hermana. A Nathan, gracias por motivarme y darme ideas tan geniales. Tengo mucha suerte de tener un marido que es también mi mánager. Tu apoyo y tus ánimos lo son todo para mí. Y os agradezco también al resto de mi familia todo vuestro apoyo e inspiración. Me parece hasta injusto poder contar con todos vosotros.

Emily, gracias por escuchar las historias de mis clientas y darme la idea de escribir este libro. Me hiciste comprender que, aunque la historia de cada persona es única, todas queremos sentirnos bien. Espero que todas podamos vernos reflejadas en estas historias. A Delphine, gracias por sugerirme que empezara a ofrecer consejos de moda en mi perfil de Instagram hace tantos años: ese fue el inicio de todo lo que vino después. Eres muy creativa e inteligente, y siempre me empujas a dar un paso más allá. Me aportas seguridad, y también eres la única que me dice que volvamos a grabar porque no tengo bien el pelo. No sería capaz de hacer todo esto sin tu ayuda y orientación. A Violette: la verdad, nada de lo que hago sería posible sin ti ni sin toda tu motivación. Las oportunidades que me has brindado son extraordinarias. De no haber sido por ti, aún tendría miedo de ponerme delante de una cámara. Observar cómo llevas tu negocio me ha proporcionado una hoja de ruta. Te estaré eternamente agradecida.

Gracias, Jessica, por ayudarme a transformar mis ideas dispersas en conceptos plenamente formados. Has sido una buena caja de resonancia durante todo el proceso. No habría podido hacer esto sin ti, ni habría querido hacerlo. Meg, gracias por ser una aliada y una maestra durante todo este proceso. Cuando todo era tan nuevo para mí, tú me ayudaste a navegar el mundo editorial y no te echaste atrás cuando te hacía preguntas que debían de ser absolutamente obvias. A Cara y a todo el equipo editorial de Chronicle: ¡gracias por comprender mi visión y ayudarme a crear algo de lo que me siento orgullosa!

Gracias a Jen Trahan por su magnífico trabajo fotográfico. Fue muy liberador tener a alguien con ese ojo para realizar este proyecto conmigo. Dana Boyer, gracias por hacerme sentir guapa y segura de mí misma. También quiero dar las gracias a Jag Models y a Lily Grace por ayudarme a coordinar a estas preciosas musas. Gracias a Selena, Omega, Kelia, Mnatalla y Joy: fue muy divertido trabajar con vosotras, y todas aportasteis vuestro propio estilo, ¡que me sirvió de inspiración! Gracias, Lauren Sands, por cedernos tan generosamente tu maravilloso armario.

¡Gracias, Annie, por los magníficos *collages*! ¡Síguela en @anniecollage!

A KC: eres increíble. Gracias por ayudarme a fomentar mis grandes ideas. Y a todos mis amigos: os quiero. Tengo mucha suerte de contar con esta red de seguridad tan extraordinaria.

Gracias, Aubrey, por toda tu ayuda. No podría haberlo hecho sin ti.

También estoy muy agradecida a Christian Allaire (*Vogue*), Kristen Nichols (*Who What Wear*), Halie LeSavage (*Harper's Bazaar*), Jessica Testa (*New York Times*), Olivia Luppino (*The Cut*) y al resto de los increíbles periodistas que han tenido la amabilidad de darme cobertura al escribir sobre mis sesiones de videollamada y TikToks. Vuestros artículos y vuestro apoyo lo han sido todo.

Gracias, Deewee. Te echo de menos.

SOBRE LA AUTORA

ALLISON BORNSTEIN es una estilista y asesora de vestuario que divide su tiempo entre Nueva York y Los Ángeles. Se especializa en ayudar a mujeres «corrientes» a verse y sentirse fantásticas. Encontró su pasión durante la pandemia ayudando por videollamada a mujeres de todo el mundo a encontrar su estilo personal y a organizar sus armarios. Su propósito es enseñar a las mujeres a ver la moda como herramienta de expresión personal y bienestar general. Al invitar a sus clientas a «ir de compras por sus armarios», sintonizar con sus auténticas necesidades y abrazar el placer de «repetir *looks*», Allison ha creado una marca que conjuga la sostenibilidad con el entusiasmo. Puedes explorar su trabajo en allisonbornstein.com; en Instagram: @allisonbornstein6; en TikTok: @allisonbornstein6, y también en YouTube.